英語コンプレックスの正体

中島義道

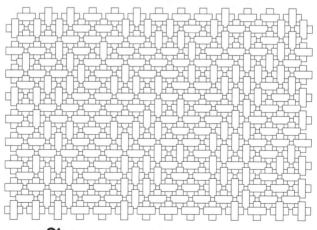

講談社+α《プラスアルファ》文庫

まえがき

あなたは、英語コンプレックスを抱いているであろうか？

英語コンプレックスは、なにも英語ができない人が抱くとは限らない。あらゆるコンプレックス同様、客観的能力とはひとまず関係なく、英語がかなりできる人がもつときもあり、英語がかなりできない人がもたないこともある。例えば、英語の先生は総じて英語が達者であるが、海外（とくに欧米）で英語を話したがらない。欧米の語学の先生のほとんどは、ネイティヴスピーカー以上にその言語を流暢にしゃべれるので、欧米人を前に「英語の先生です」とは言いにくいし、また英語が母語の地域で（とくに日本人が集まるところで）英語をしゃべるのには相当抵抗を感じる。「英語をぺらぺらしゃべることと教えることは別だ」と居直ってみても、次第に体内に「英語恐怖症菌」が繁殖して、漱石のように下宿に閉じこもることになり、はては自分の職業を隠すようになり、嘘をつくようにさえなる。専門家であればこそ、コンプレックスは全身を蝕《むしば》みつづけるのである。

しかし、英語コンプレックスを独特の厳しいものにしているのは、英語が高校入試や大学入試の受験科目になっているから、しかも主要科目だからである。英語の能力は、知力一般（知能指数、偏差値）を測る目安として機能してしまい、英語ができないことは受験勉強の敗者のみならず、知力戦争の敗者とみなされてしまうのだ。しかも、このことが（偏差値同様）完全に不合理ではないと世の中で認知されているからこそ、英語ができない少年少女は、からだの芯までコンプレックスにさいなまれるのである。このことは、われわれがいまや世界の主要語であるスペイン語やアラビア語や中国語ができなくても、ほとんどコンプレックスを感じないことからも如実にわかる。

英語コンプレックスは多様である。そのうち、本書で照準を定めるのは、「国際語」としての英語が引き起こす独特のコンプレックスである。わが国には、日本人が英語を「国際語」として学ぶことに何の疑いも感じていない人が多数棲息している。彼らは、英米人と日本人が同席すれば、そこで（日本語ではなく）英語をしゃべるのが当然だとみなし、学問における世界レベルの研究成果は（日本語ではなく）英語で発表せねばならないと信じきっている。その場合、英語を母語とする人々が圧倒的にトクをし、その他の人々はひどくソンをするという単純構造に気をとめることはない。現代世界では、あらゆる分野で平等が叫ばれているのに、この絶対的不平等だけが見過ごされ容認されている。本当に不思議なことであるが、これが「英語帝国主義」と呼ばれている現象である。

一九七九年十月から一九八四年三月までの四年半のあいだ、私はウィーン大学で博士号を準備する私費留学生として、後にその地の日本人学校の英語の非常勤講師として、ウィーンに滞在した。三〇代前半のまだ血の気の多いときであった。当時はジャパンバッシング真っ盛りであり、「ヨーロッパ中心主義」がまだ露骨にかつ強烈に支配していた。そんな住みにくいヨーロッパから帰国してみると、祖国では「国際的＝欧米的」という等式に何の疑問も抱かない人々（とくにインテリ）が繁茂していて、この等式がいかに欺瞞的・帝国主義的であるかを反省する声は、限りなく小さいものであった。それどころか、各書店には、日本滞在の欧米人や欧米通の日本人による、世界各地でわがもの顔に振舞う「醜い日本人」に猛省を促す書がうずたかく平積みになっていたのである。

そんなわが国の現状にははなはだしい違和感を覚えていたとき、同じく「ヨーロッパ中心主義」に対して至るところで真摯な怒りをぶつけていた西尾幹二氏の知遇を得、彼の紹介によって、私は一九九〇年一月に、私の「ヨーロッパとの闘い」を描いた『ウィーン愛憎』（中公新書）を刊行した。これが、私が書いたはじめての

「一般書」である。この本が、津田幸男氏の『英語支配の構造』(第三書館、一九九〇年)という書に紹介され、ご本人から「同志である」との熱い手紙も受け取った。そして、すぐに英語帝国主義を糾弾する第二の書『英語支配への異論』(第三書館、一九九三年)に執筆するように依頼された。私は、それこそ喜び勇んで、英語帝国主義とヨーロッパ中心主義に対する長年(とくにウィーン留学時代以来)の「恨みつらみ」をそのままぶつける文章を書き、それを「英語コンプレックスを探る」というタイトルはじめわずかに手直しして本書の第一章に収めた(だから、宮沢喜一とかレーガンとかが出てくるわけである)。それから、さらに一年にわたって、津田氏から京都の国際日本文化研究センターで「英語帝国主義」について共同研究する会のメンバーに誘われた。こうして「英語帝国主義」に対する糾弾のラッパが高らかに鳴り、みんながその愚かしさを自覚し反省するであろうと期待したが、……そうはならなかった。

そのときから二〇年以上が経過して、振り返ってみると、思いのほか日本人の意識も欧米人の意識も、そして世界中の人々の意識が変わってきた。「ヨーロッパ中心主義」は世界中で勢いを失い、もはや時代錯誤的ですらある。それに呼応して、わが国民(とくに若い世代)の欧米崇拝もずいぶん希薄化してきた。そうした視座から、欧米崇拝に関する日本人の意識の変化を、第一章を書いてから一二年後に私の体験にそってまとめてみたのが、第二章である。だが、それからさらに一〇年以上が経過した今日、「クールジャパン」が連呼され、日本食は世界遺産に登録され、わが国を訪れる観光客はうなぎのぼりになり、日本語を流暢にしゃべる外国人などなんら珍しくなくなった。わが国民にも、人々の礼儀正しさ・勤勉さ・誠実さ、物品の豊かさ・優秀さ・趣味のよさ、生活の安全さ・便利さ・清潔さなど、GNPやオリンピックのメダル数などの具体的数値に左右されない本質的優越感が備わってきて、ヨーロッパ各国民に見られる「老舗」の自信をもつに至ったと言えよう。こうして、本書の記述でもまだ「古い」ように思われてしまう。

当然、このあいだ私の英語コンプレックスもヨーロッパコンプレックスも、不思議なほど希薄化したのであるが、本書のもう一つの目的は、その固有の原因を探ることである。私の英語はそのあいだ上達どころか確実に退化しているのに、英語がうまくしゃべれないことに落胆することもほとんどなくなり、初歩的な間違いをしでかしてもあまり恥ずかしくなくなった。それは、いま述べたように世界の情勢が変化したせいであるが、私の「ものの見方」が変わったせいでもあろう。人生においてほんとうに大切なことが、ようやく見えてきたせいかもしれない。このような視点から、第三章と第四章は、中学生のときから現在に至るまでの英語と私との長く複雑で「実りの少ない」関係を、なるべく具体的に記したものである。私の不器用で効率の悪い英語学習歴をたどりながら、多くの読者は「なんと無駄な！」と驚き、「自分もまんざらではないな」と安堵のため息をつくにちがいない。そして、英語コンプレックスを抱くのは「間違い」のようだ、というかすかな呟きがからだの奥底から聞こえてくるとすれば、本書での私の意図はさしあたり達せられたと言っていいであろう。

二〇一六年六月一九日梅雨の晴れ間のまぶしい光を浴びながら

英語コンプレックスの正体　目次

第一章

英語コンプレックスとは何か

1　その症状

「私が英語を話して、みんな感謝しているかと思っていたのに」

いきなり体験談で恐縮であるが、私は三〇代のはじめから中ごろにかけてウィーンに四年半滞在した。そのあいだ、ウィーン大学の哲学科に籍を置く一方で、日本人学校で英語の非常勤講師を務めていた。そこでは私のほかにケレハーという名のイギリス婦人が「英会話」という名目で英語を教えていた。彼女は私が教えている日本の受験英語に——当然のことながら——非常に批判的であった。そうしながら、彼女は黒板にすべての文字を大文字で書く。ピリオドもつけないことがある。"will"と"shall"の区別をこまごまと説明している。発音は完全にイギリス式（例えば"often"はオフトンである）。

わが国の高校受験はむしろアメリカ英語が基礎となっているから、生徒たちも大変だろうなあとは思ったが、柔軟な子供ならこれで落ちることもあるまい、また、私の意見によって彼女がやり方を変えることもあるまいと思って、私は何も言わなかった。

ところがある日、彼女が日本人学校の生徒でもない息子が創った英語劇を、当の息子を主人公に日本人の生徒たちを脇役にして演ずるという計画を耳にし、大変困ったことだと思った。彼女が先生方すべてに配ったその台本を見たところ、これがひどくわかりにくい。そこで私は率直に彼女に感想を語った。彼女は、何度もそれが完璧な作品であることを説明したが、私が断じて譲らないと、「あなたは英語ができないのに、ジミーを批判する資格はない！」と叫んだ。

なんということであろう。私の英語コンプレックスが、この言葉によってざわざわと揺さぶられた。そうなのである。よくわかっているのである。一三歳の少年が書いた戯曲を何度も辞書を引かねば理解できない自分の英語力の貧しさは、痛いほどよくわかっているのである。

だが、このとき私のうちで直感的に「彼女はおかしい！」と叫ぶ声があった。そこで、私は勇気を出して言ってみた。

あなたが、ここウィーンの日本人学校で英語で挨拶していることさえ、本当はおかしなことですよ。

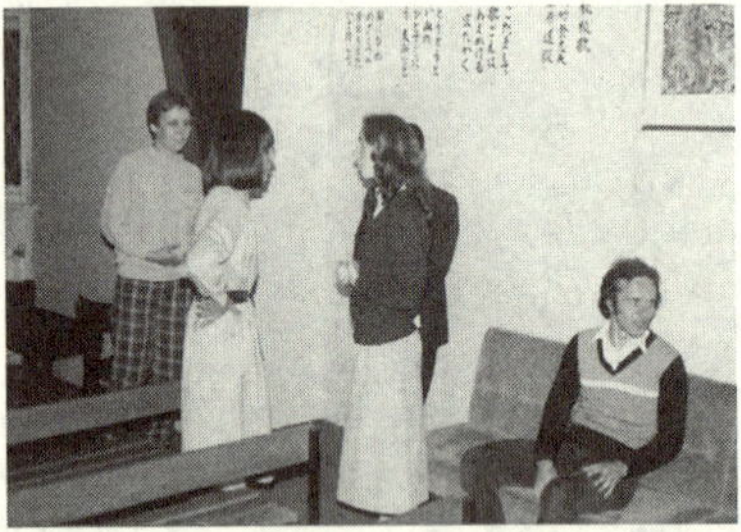

ウィーンの日本人学校。外国人の先生たち

一瞬ミセス・ケレハーの顔が硬直した。そして、私ににじり寄って、“Are you mad?”（あなたは正気か）と叫び、そこに居合わせている先生方のひとりひとりに、「私が英語をしゃべって不愉快ですか？」と聞いて回った。みな黙りこくっていると「それ、誰も不愉快ではないじゃないか」と言い、そして嘆息するようにこう続けた。

私が英語を話して、みんな感謝しているかと思っていたのに。

この経験はほかの本（『ウィーン愛憎』中公新書）で詳細に書いた。私がいまここで問題にしたいのは、彼女のこの最後の言葉である。たぶんそれは彼女の本心なのであろう。私から攻撃されたことは、彼女にとって文字通り青天の霹靂《へきれき》だったのであろう。「私が英語を話して、みんな感謝しているかと思っていたのに」。彼女は、いまなおそう信じていることであろう。

日本人が英米人と英語で話すのは「好意」である

この点に関して、ジャーナリストの秋島百合子さんは鋭い視点を提示している。

たとえばパリを歩いていてちょっと道をききたい、というとき大半のイギリス人旅行者はいきなり、「エクスキューズ・ミー」と始める。その国のことばを話せないならせめて、英語が話せますか、と相手にきいてもよさそうなものなのだが。どうもイギリス人には、英語はどこでも通じて当たり前という潜在意識があるようだ。二、三カ国語話せる人がざらにいるヨーロッパ大陸に行くと、この態度は実に目立つ。英語は国際語だから外国に出たら必須であるという考えは、イギリスやアメリカのような英語圏から押し付けられるのではなく、英語を話してあげようという他の言語の国々の好意から自発的に生まれるべきものだ。

（朝日新聞、一九九〇年一一月二三日）

この最後の文章は、じつは当然のことなのだが、ややもすれば忘れがちである。その意味できわめて重要な論点である。われわれ日本人が英米人と英語で話すのは

「好意」なのである。それを多くの英米人は自覚していない。かつて私はプラハで道に迷い、偶然通りかかった日本語の達者な学生に助けられたが、そのとき彼にどんなに感謝したか知れない。英米人にはこの感覚が麻痺しているようである。

たしかに、英語は日本語よりはるかに世界の広い地域で使用されている。しかし、このことが事実であればあるほど、英米人は謙虚にわが身の幸運や他国の人々の好意に感謝すべきなのである。これが秋島さんの論点である。

英語を母語とする人々（主に英米人）だけが、おびただしい数の言語をしゃべる六〇億以上の人類のうちで特権的な地位にいる。しかも、その幸運に感謝するどころか、この既成事実にまったく疑いを挟まず、英語非母語国民に英語をしゃべることを強要する。この恐ろしい不当さは、ちょっと考えてみればわかるはずである。

大石俊一氏は、現代に進捗するこうした英語支配の構造はインターナショナリズムに見えて、そのじつ英米人にとってのウルトラナショナリズムであると看破している。次の識者たちの発言も、当然のことなのであるが、わが国では依然として少数派である。

英語は今もって英米二国民の特権的言語であり、本国人がよしとする規範、英語観をそのままに、世界中の人が学ばなくてはならないと思い込むことは、英米人にとってはこの上もなく有利なことであるが、これを英語を学び使う外国人が認めれば、自分たちを決定的に不利な立場に追い込むことになることを忘れてはならない。この点の自覚が最も欠けているのが日本人、特に日本の英語教育関係者なのである。

（鈴木孝夫『武器としてのことば』新潮選書）

既存の言語はすべて特定の民族と国家の権力と威信に結びついており、またそこで作り出された強力な言語的首都の存在は、絶え間なく非母語の話し手を差別し、おどしつけるのである。

（田中克彦『国家語をこえて』筑摩書房）

もし英語が国際語、つまり唯一の支配的な、暗黙のうちに強制的な言葉になると、これは英語国民だけが丸儲けすることになります。英語を使わされる国民は大損害です。それよりも根本的なのは、英語国民の風習まで英語にともなって抱き合わせにされるということです。

（川喜田二郎　日本未来学会編『日本語は国際語になるか』所収、ＴＢＳブリタニカ）

そして、こうしたわが国の英語支配の最も卑俗な現象形態、すなわちその弊害を反省するどころか、その不当な支配構造に拍車をかけているのが、電車の車内広告をにぎわし、全国津々浦々に繁茂している英会話学校である。

英会話学校、その卑屈な場所

まともなセンスをもっている人で、英会話学校に通って一抹の恥ずかしさを感じない人はいないであろう。私も何度か英会話学校の生徒となり、一度その先生にさえなろうとしたが、それは生徒としても先生（候補）としても、とても恥ずかしい場所であった。とくに、自尊心のかけらでも有れば、大の男が行く場所ではないという直感があった。

その軽薄で表面だけピカピカした「国際主義」に、何か変だという違和感がつきまとっていたのである。そして、最近になってようやく津田幸男氏の『英語支配の構造』（第三書館）や大石俊一氏の『「英語」イデオロギーを問う』（開文社出版）を知って、自分の感覚の正しさを知った次第である。

まず、英会話学校で「国際人」になるための教育を実践しているというのは大嘘である。なぜなら、それならばそこにはアジア人やアフリカ人の先生方がたくさんいる国際的な雰囲気でなければならないはずであるが、実際はほとんどの教師が英米人しかも白人である。つまり、そこは英米人による自国文化伝道の場所なのである。

「私が英語を話して、みんな感謝しているかと思っていたのに」という先ほどのミセス・ケレハーの呟きに見られるように、英米人は英米人であるというだけで、日本人に英語を教える権利があると確信している。

在日体験が長く、津田塾大学の教授でもあったダグラス・ラミス氏によると、「たいていの〔アメリカ人の〕先生達は、アメリカ人がいるところに一週間に一時間同席することは生徒たちにとってそれだけでお金を払うに足る特権である、と思っている」（『イデオロギーとしての英会話』晶文社）のである。

このことは、公教育においても五十歩百歩である。文部省（現在の文部科学省）は、しばらく前から全国の中学高校にイギリスやアメリカから教師を派遣させる制度を設けている。その中には黒人もいたように思う。しかし、大部分は白人である。文部省が真に「国際語」としての英語教育を目指すのであれば、各教室では、世界各国から来たさまざまな肌の色、さまざまな顔つきの先生が教えているという風景が自然であろう。生徒は、一年生のときはガーナから来た先生に、二年生では香港から来た先生に、そして三年生ではオランダから来た先生に習うという体験を通してはじめて、言葉の真の意味で「国際語」としての英語を理解することができるのである。

あいまいで誇張したさりげなさ

英会話学校に話を戻そう。総じて、ラミス氏の英会話学校批判は眼を洗われるように鋭い。尻がむずむずするような英会話学校のやりきれない雰囲気の原因を、いままで誰がこれ以上鮮やかに指摘したであろうか。

テキストは学生に不適当な「アメリカ人」の人格を要求し、お互いが不慣れな方法で話し合うことを要求する。……つまりそれはアメリカ人の中産階級の人格のカリカチュアであり、ある種のあいまいで誇張したさりげなさのみを表現する。……これこそ英語を勉強する際の最も重要な障害である。

（『イデオロギーとしての英会話』）

「あいまいで誇張したさりげなさ」とは至言である。英会話学校で最も要求されるのは「さりげなく」すなわちごく普通のアメリカ人のように英語を話すことである。だが、「さりげなく」"Oh! Jesus Christ!" とか "My sweetheart!" と叫ぶことは、普通の日本人にとって一番難しい。それは人格の中枢を破壊するほどの暴力を加えなくては達成できない。まさに「さりげない」ことを、「誇張」しなければならないのである。

日本語学校でもやはり日本人のように「さりげなく」話すことを理想にしているのではないか、という反論もあろう。しかし、根本的に違うのである。ウィーン大学日本学科の学生は総じて日本語会話能力はきわめて低い。しかし、彼らからは卑屈な印象はまったく受けない。それは彼らが日本人を高級民族として認めておらず、日本語を高級語とはつゆ思っていないからである。彼らは、教師が日本の習慣を説明すると、声をたてて笑う。そして、日本人の挨拶の仕方をまねる場合でも、いくぶん自嘲的にしかしない。それは異質なものに対する健全な拒否の姿勢である。だが、英会話学校の日本人たちはどうであろうか。「ほんとうのアメリカ人」のように話すことをそれこそ至上目的にしているのではないだろうか。

日本学科の学生によく似ているのが、ウィーンでしかたなく（例えば結婚して）

ドイツ語を使わざるをえない日本人たちである。彼ら（彼女たち）は、日本語に対する愛着を維持し、ドイツ語に対しては自然な反感を抱いて、現地で暮らしている。ドイツ語の「さりげない」表現ができることに何の価値も置かず、むしろあまりにも「さりげなく」ドイツ語をしゃべれること、ドイツ語の俗語をたくさん知っていること、どんな下品な表現でもわかってしまうことをいくぶん恥じている（恥じながら、ウィーンでほとんどドイツ語が通じない日本の大学のドイツ語教師たちを軽蔑することに変わりはないが）。

以上の観察を経てきた私には、ラミス氏の次の指摘はよくわかるのである。

英会話というサブ・カルチュアの外側で英語を勉強した人、たとえば、戦前に英語を勉強した人びとや、アメリカに移民した人びとや、アメリカの基地や他の場所で仕事をしながら英語を話せるようになった人びととの英語はまったく違った性質をもつ。その上、英会話のイデオロギーを知っていて、それを意識的に拒否し、ちがった見地で言語を勉強した人びとはまた、もっと自然で、コミュニケーションしやすい英語を話す。（同書）

そして、きわめつきの真理は、次のものである。

英会話の世界から遠ざかれば遠ざかるほど、文化の障害は弱くなる。たとえば、外国人がまれにしか見られない片田舎を私が旅するといつも感じるのだが、人びとは英会話の世界にいる人びとよりも、ずっと自然で開放的で、私に対する態度も尊厳に充ちている。（同書）

ラミス氏がこれを書いた一六年前とは違い、次第にとくに若い人々の常識は変わってきている感じもする。現在の少なからぬ日本の若者は、街で気楽にアジア人と英語で話し、旅先でも総じて質素なりの欧米人を格別崇拝しているようにも見受けられない。欧米人に「自然で開放的」な態度で接している人が着実に増えてきていると言えよう。

だが、同時に――これは肝に銘ずべきことであるが――企業や研究所や大学に勤める知的エリートたちのあいだでは、英語ができなければ人間として失格であるかのような英語コンプレックスがますます助長されている。そして、こうした哀れな人々の群れに英会話学校が食指を伸ばし、その英語コンプレックスを最大限に利用して、彼らに「英語崇拝薬」という名のアヘンを吸わせつづけるのだ。英米は、現在極東（これも差別語である！）の島国で第二次アヘン戦争に着々と勝利を収めつつあるのではあるまいか。

カタカナ語氾濫の裏にあるもの

これも多くの論者が語りつづけることであり、しかもいっこうに改善されないことであるが、ここでわが国のカタカナ語の氾濫について触れておこう。立派な日本語があるのに、わざわざ英語（まがい）を使用するおかしさをほとんどの人が頭ではわかっている。しかし、感覚としては抵抗しがたいということをここで強調したい。

津田幸男氏が指摘しているが、わが国の雑誌や車やタバコの名称はほとんどがカタカナ語である。また、誰でも知っているように、「駅ビル商店街」ではなくて、「ロンロン」や「レスカ」や「ルミネ」や「ペリエ」である。先日訪れた総合病院は、すべての部屋がカタカナ語で表されていた。「ナースステーション」「プレールーム」「カンファレンスルーム」という具合である。そして、現代日本の子供たちは、小学校にあがる前からすでにカタカナ語の洪水の中にいる。以下は『テレビマガジン』（講談社）からの引用であるが、わが家の七歳の息子はここに登場する言葉を内容に即して完全に理解している。

ダ・ガーンとアースファイター、アースライナーが合体して、パワーアップ、ダ・ガーンXになる。これが、トリプルコンビネーションだ。

（一九九二年三月号）

ジャケットは、スクラムヘッドにつまれている。レッダーはスクラムヘッド内で実装。ブルースとキースは、トランクのスーツを身につける。

（一九九二年五月号）

いまこそ、力をあわせるときだ。ダ・ガーンXは、スカイセイバー、ランドバイソンとスクラムをくみ、はじめてみせる必殺わざ、フォーメーションアタックをさくれつ！

（一九九二年五月号）

もうこれ以上この現象を追いかけるのはやめよう。ここ少なくとも三〇年は寄ってたかって嘲笑しつづけてきたカタカナ語の氾濫は、下火になるどころかますます燃えさかっているのだ。われわれは欧米語（まがい）の響きを、まさにその高級な感覚ゆえに愛する。だから、この感覚が変わらないかぎり、——残念ながら——その不合理をいくら指摘しても、いっこうに改善されないのである。

とはいえ、カタカナ語を大上段から切り捨てるような議論もまた、欧米主要語を万物の尺度とした傲慢で狭量な欧米人の議論であることを見逃してはならない。欧米からの留学生がよく日本語弁論大会で次のようにわれわれを諭すように演説することがある。

フランス人はフランス語をとても大切にしています。日本には美しい日本語があるのに、なぜ外国語を使うのでしょう？

単純にこう主張する彼（女）は——そしてこの主張にいちいちうなずいている日本人聴衆も——日本語が大陸からの文字を貪欲に取り入れてはじめて成立したという歴史を完全に無視しようとしているのである。

外山滋比古氏は、行きすぎたカタカナ語の氾濫に警告を発しながらも、その効果を無視すべきではないと言う。すなわち、外来語には「日常性が稀薄なだけ、呪文的効果」（『日本語の個性』中公新書）が大きく、あるものに新鮮なあるいは高級な印象をもたせるには「日常性を外す必要があり、それには手垢のついていない外来語がうってつけだと歓迎される」（同書）のだ。文化人類学者のハーバート・パッシン氏によると「日本語は、今日ただいま、英語の語彙《ボキャブラリ》のすべてを吸収しつつ」（『英語化する日本社会』サイマル出版会）あり、現代はまさに「第二の平安時代」（同書）である。彼はこうした現象に眉をひそめつつも、次のような結論を導いている。

……日本語は、ばりばりと音を立てながら英語を噛みくだき、呑み込んでいる最中だ、という感じがする。

こうした傾向をとらえて、日本語の堕落だという人がいる。私は、そうは思わない。私はそれを、むしろ日本語の偉大な創造力と見たい。（同書）

この結論はともかく、カタカナ語の氾濫をただ嘲笑しているだけでは、この現象の根の深さは見えてこない、ということである。

和製英語を極端に恥じる必要はない

英語がある程度できる人（とりわけ英語圏滞在体験の長い人）が口をそろえて難癖をつけることがある。それは、アメリカやイギリスでは通じようもない日本語化した「英語」の氾濫である。

その非難の第一段階は、日本人がアメリカやイギリスでかくかくの「英語」をしゃべり、まわりの人間を啞然とさせた、という話がめんめんと続く。

コーヒーのクリームに“creep”と名づけるとは何ごとですか！　これは爬虫類が這うイメージを呼び起こしますよ。

ある日本人がニューヨークで「ミックスサンド」って頼んだんですよ！　ウエイターは日本人は砂を食べるのかとびっくりしていましたよ。

だが、第二段階になると、日本語の中の「英語」が原意とずれているため、英米人が（そして自分も）辟易するという話に移っていく。その「英語」には、英米本国とは別の意味が込められていて、そうした意味の変遷が許せないという抗議である。

例えば、加藤秀俊氏によれば、“moody”という言葉は、日本では「雰囲気ゆたかな」とか「こころよい」という意味で使われるが、本来の（すなわちアメリカの）英語では「むら気な」という意味である。さて、加藤氏は本場のアメリカでこの「誤用」をする人を断じて許しておけない。

だが、わたしは、このことばで失敗したある若い日本人を知っている。この人物は、アメリカである家庭に招かれ、お宅はじつに雰囲気がいいですね、というホメことばのつもりで「ムーディ」を使ってしまったのである。おどろいたのは、アメリカ人のほうだ。……失礼をこして気味わるくなった。わたしはその事件のあと、このアメリカ人から、いったいどういうことなのだろう、という質問をうけ、事情を説明して大笑いになったことを、いまでもはっきりおぼえている。

（『日本人の周辺』講談社現代文庫）

こうした話を勝ち誇ったように語る人に質問したい。「あなたは、アメリカ人が日本でまちがった日本語を使った場合、そのような不快感を全身で表して嘲笑しますか?」と。エルヴィス・プレスリーは、「柔道着」という言葉から連想して、日本語では「衣服」を「ギ」というと思い込んでいたそうである。ドイツ語で「サツマ」といえばサツマイモのことではなくてみかんのことであり、「メニュー」とはメニューのことではなくて定食のことである。「ユードー」とは柔道、「ツェン」とは禅のことである。

こうした言葉を「誤用」するアメリカ人やドイツ人がいたとして、われわれはそれを「事件」と考えるだろうか。大笑いするだろうか。

マンションといえばアメリカでは城のような大館のことだ。それを、まったく日本のマンションとは……

こう言って口を尖らす人は、マンションのラテン語の意味をご存知だろうか。これは“maneo”(住む)という動詞に由来し、その名詞形“mansio”とは単なる「住居」というほどの意味である(フランス語の“maison”はこの意味を保っている)。それにしてもひどいのは、「バス」である。これは、ラテン語の形容詞"omnis"（すべての）の複数奪格"omnibus"（すべての人にとって［の乗物］）のうち、終わりの"bus"だけが残ったものである。外来語は自然にその国の風土の中で意味を変じていくのである。

アメリカ人と話すときは、これは和製英語かもしれないと慎重にかかるほうが、コミュニケーションの円滑のうえではよいであろう。ただそれだけのことである。和製英語を使ったからといって、はなはだしい嘲笑を受け、大変な恥を感ずる必要がどこにあろうか。「ムーディー」がアメリカ人に通じなければ、そしてそれが和製英語であることに気づいたら、冷静に日本における和製英語の位置を説明すればいいのだ。逆に言えば、アメリカ人も日本人を招待したからには、ただ啞然とするばかりではなく、日本語における和製英語の氾濫くらい学んでおくべきなのである。

たしかに、カタカナ語の氾濫は一般的には現代日本人の低俗さ、軽薄さを弁解の余地のないほど鮮明に示している。明治の日本人は聡明であった。短時間で外来語を次々に日本語に置き換え、元の発音を残したものにも「珈琲」や「硝子」や「檸檬」などの優雅な表記を発明した。現代日本人の怠慢と軽薄を認めたうえで、文法も発音もまったく異なるおびただしい数の漢字を取り入れた歴史をもつ日本語は、とりわけ外来語を吸収しやすい性質をもっていることも認めなければなるまい。そして、英米人も日本語を学ぶからには、英語起源の外来語を日本語として学ぶ労力を払わねばならないであろう。

私は個人的にはミスコン、ラジカセ、セクハラ、テレクラ、……などの言葉は好きではない。じつは虫唾《むしず》が走るほど厭である。だが、こうした現象に対して、「フランス語はそうではない」といった口調で非難する者がいれば、そこに潜む欧米語絶対主義の臭いをかぎつけて、慎重に反対するであろう。すなわち、カタカナ語を徹底的に排除しようとする態度も、もしそこに「フランス語の場合は……」という理由づけがなされるかぎり、それもやはり欧米語コンプレックスの一形態なのである。

「肌色」はおかしいか？

朝日新聞の投書に次のものがあった。

アメリカに住んで三年半になります。住み始めてすぐのころ、日本から持ってきたクレヨンの中に「肌色」という色を見つけ、これはおかしいと思いました。日本では何の疑問も持たなかったことです。

……最近、日本人の人種差別問題が、また一段と攻撃の的になっているようです。

……日本人は今、もう少し、他人への気遣い、心配りを考えなければならないと思います。せめてクレヨンの肌色の呼び名は廃止し、子供たちにも世界中には、いろいろな肌の色の人が住んでいること、そして、その人たちには何の優劣もないことを教えてあげたいものです。〔ニュージャージー州　主婦　三七歳〕

（朝日新聞、一九九〇年一一月三〇日）

この主婦はアメリカで「肌色」という言葉を使わないように提言しているのではなく、日本語自体から「肌色」という言葉を放逐すべきだ、と提言している。こうした言葉を使用しているわれわれは「気遣いが足りない」と言っているのである。私はこの投書を読んで釈然としない気持ちが残った。（後に詳論するが）在米体験の長い日本人がはまる陥穽《かんせい》、すなわちアメリカの基準をすべての人類の基準と単純にみなしてしまう「アメリカ信仰」の典型を見たような気がした。この論法でいくと、われわれは日本語を「アメリカへの気遣いから」かなり変えねばならない。「黒山の人だかり」はやはりほとんどの日本人の髪が黒いことに由来するのであろう。「赤ちゃん」も黒人の乳児にはどう見ても当てはまらない。「紅顔の美少年」もやはり黒人を「気遣って」禁止すべきであろうか……とこう考えて、この主婦の発想はどこか基本的に誤っているような気がする。

百歩譲って「肌色」を国際社会への配慮から禁止するとしたら、もっと切実に禁止すべきなのは、「白人」「黒人」「黄色人種」という呼称ではないだろうか。これも、先に挙げた『英語支配の構造』で津田幸男氏が指摘しているが、“white”は日本語以上に肯定的な価値観に結びついており“black”は日本語以上に否定的な価値観に結びついている。そして、“yellow”が英語においていかにマイナスのイメージと結びついているかについては多くの指摘がある。例えば、先に紹介したパッシン氏は次のように言う。

英語のyellowは、もっと悪い意味合いになる。最後の晩餐のときのユダの服の色だったからだろう。だれかをyellowあるいはyellow bellyと言うと「臆病者」という意味になる。……そういえば、ヒトラーもかつてユダヤ人に

は黄色いバッジの着用を強制したものだった。（前掲書）

私がアメリカに住んだら、日本人に向かって「肌色」の語彙を日本語から放逐するように訴えるよりも先に、アメリカ人に向かって「黄色人種」という言い方を断固やめるように訴えるのだが……。

ファーストネイム信仰

犬養道子氏は人も知るごとく、カトリックに裏付けられた欧米の価値観をほとんど絶対視し、それをもってわが国のさまざまな現象を批判しつづける人である。彼女の難民問題に代表される行動力はとても立派であると思う。だが、彼女はあまりにも欧米の価値観を過信しているため、ややもすると相対的な視点を見失うことがある。著書『日本人が外に出るとき』（中央公論社）は彼女の偏狭な欧米主義がことに露骨に見える書である。ここではまずファーストネイムに関する彼女の提言に耳を傾けよう。

レーガン大統領と中曽根首相とが、互いにロン（ロナルドの愛称）・ヤスと呼びあうことを、まるで鬼の首でも取ったように意地悪く、時に応じ折にふれてあてこする風潮が、マスコミに屡々《しばしば》あらわれる。……が、姓でないファーストネイムで呼びあうことは、何もロン・ヤスに限らないのである。

……ロンと限らず、カーター大統領時代にもベギンはメナヘムであり、サダト（故エジプト首相）はアンワルであった。

ベギンやサダトのことは放っておこう。だが、われわれ日本人は青年期を過ぎればどんなに親しくなっても普通ファーストネイムで呼び合う習慣はないのだ。私にしても三〇歳を過ぎて数々の親しい友達を得たが、誰も私をヨシミチなどと呼びはしない。私もアキラやミチコなどと呼びはしない。こうしたことを犬養氏は充分知っているはずである。しかし、驚くべきことに、以上の引用部分に続けて彼女は次のように言うのである。

アメリカ人が相手である限り、キザも何もない、ファーストネイムで呼びあうと言うそこまで行かなければダメなのだ。

そこまで行かないのは異常なのだ。

（傍点は原著者のもの、以下同様）

単純な質問を提起する。なぜ一人の日本人と一人のアメリカ人とが相手を呼び合うのに、アメリカ的方法をとらねば「ダメ」であり「異常」なのだろうか、私には皆目わからない。アメリカ人にはファーストネイムで呼び合う習慣があり、われわれにはない。だがまことに不思議なことに、わが国の首相はアメリカ大統領にファーストネイムで呼ばれたがる。アメリカ大統領の前に出ると、海部俊樹氏は突如「トシキ」となり、宮沢喜一氏は突如「キイチ」となるのである。彼らの誰も日本で他の政治家から「トシキ」とか「キイチ」と呼ばれたくないと私は確信している。対等の原則をもち出せば、レーガンやブッシュに対して「日本では成年に向かってファーストネイムを使う習慣はなく非常に違和感があるからやめてもらいたい」と言ってよいはずであろう。

だが、もっと驚くべき事実がある。ふたたびパッシン氏の証言によると、ある「有名企業のニューヨーク駐在員の間では、社長を除き、日本人全員がビルとかトムとかの英語名を持っている」（前掲書）そうである。アメリカ人の東京駐在員が田中とか佐藤と名乗ったら、われわれは仰天するであろう。それはわれわれが健全な「国際感覚」をもっているからである。たしかにアメリカ国籍をもっている東洋人は数多くいるであろう。しかし、れっきとした日本人でありながら自分をビルとかトムとか呼ぶ者、またそれを聞いて何の違和感も感じない者は「国際感覚」が麻痺しているのである。

日本史も英語で?

ここで、わが国の学問における英語の地位について俯瞰《ふかん》しておこう。いまや自然科学はもちろんのこと、ほとんどの学問に携わっている者にとって、欧米(ほとんどが米英)の雑誌に論文を掲載し、欧米(ほとんどが米英)の学会で発表することが最高の名誉であるとされており、したがって最高の業績であるとされている。自然科学のある分野では、日本の雑誌に掲載されても何の評価にもつながらないそうである。総じて、欧米の雑誌が第一、わが国の雑誌は第二である。これは既成事実であり、個人的に「おかしい」と思ってもこれを無視することは学者としての生命にかかわるものであるから、みんな「さしあたり」これに従い、この「さしあたり」が蓄積されてますますこの既成事実が強化されるというメカニズムになっている。

だが、「背に腹はかえられぬ」とこの風潮に従いながら、同時に学問における英語支配の差別構造を声高に訴えてもよいはずであろう。それなのに、まことに不思議なことながら、——私の知るかぎり——訴えは日々理不尽な不平等にあえいでいるはずの日本人学者からは上がらない。欧米の雑誌に論文を掲載しつづけている学者は、かつて自分もいじめられたがゆえに初年兵をいじめる古参兵のように、「きみ、日本の雑誌に載せても駄目だよ」と若手の研究者を教育さえするのである。

さて、こうしたおかしさを痛感していた折りに、「英文『年報日本史研究』を計画」という新聞のコラムを見つけて、ついにここまで来たかという感慨を禁じえなかった。それは、「最近の日本史研究の国際化に対応しようというねらい」のもとに、英文の研究誌を年一回発行するというものである。だが、その理由たるや噴飯ものである。

日本人の日本史研究はほとんどが日本語で書かれているが、外国人の歴史研究者のなかで日本語の論文が読める人はきわめて少ない。日本研究がさかんなアメリカにおいてさえ、大学などに籍をおく日本史研究者五百人のうち、日本語の論文を読んでいるのは約百人にすぎない。そのため、日本人の日本史研究との間にズレが生じたり、日本人の研究を単に紹介しただけのものが、オリジナルな研究とされ、読むことができないために日本人の研究は、逆に評価されない、といった傾向も生まれているという。

（朝日新聞、一九九二年二月二五日）

これほどおかしいことはない。これを取材した朝日新聞の記者が、日本史研究会のこうした倒錯的態度に対して何の疑問も寄せていないこともさらにおかしいことである。さて、そのおかしさの理由を言うのも虚しいほどであるが、長らく英語支配の構造のうちに生息して不感症に陥っている多くの方々のために言うと、ある国の歴史を研究する専門家がなぜその国の言葉を学ばないのか、ということである。

私がとりわけ不満なのは、このような「日本史研究者五百人のうち、日本語の論文を読んでいるのは約百人にすぎない」というアメリカの現状をなぜ日本史学会は声を大にして非難しないのか、ということである。なぜに日本史研究者が日本語を読むという学者として当然の努力を払わない彼らを非難する代わりに、彼らの側に擦り寄るのか、ということである。

この記事は立場を逆にすればその奇妙さがわかる。すなわち、わが国のアメリカ史の研究者のうち五分の一しか英語の論文を読まず、そのためアメリカ人の「研究は、逆に評価されない、といった傾向も生まれている」ので、困り果てたアメリカ史学会がわが国の研究者のために日本語の『アメリカ史研究』の刊行を計画している、ということになる。

細かい議論は無用である。研究者のうち五分の一しか日本語論文を読まないアメリカの日本史学会は何を考えているのであろうか。そして、こうした現状に一片の疑念も差しはさまない日本史学会はまともな批判能力をもっているのであろうか。あらゆる学問分野で（日本史でさえ！）「国際化」という名のもとに英語支配の一元構造が進行し、非英語国民からことごとく母語を奪っている。これこそ英語帝国主義でなくて何であろうか。

2　その背景

漱石のイギリス人コンプレックス

これまで、われわれが陥っている英語コンプレックスの深刻な症状を見てきた。

だが、英語コンプレックスは——単なる言語コンプレックスにとどまらず——さまざまなコンプレックスと絡み合っている。それは、まず英米人という「高級人種」に対するコンプレックスと連携しているのである。

イギリス人コンプレックスの古典的純粋形態は、夏目漱石のうちに見ることができる。優秀な英文学者としての自負をもち、過敏なほどの自己意識の持ち主が一〇〇年前に大英帝国の首都に赴いたとき、どんなに衝撃を受けたか、それは「御殿場の兎が急に日本橋の真中へ抛り出された」(『倫敦塔』)以上のものである。漱石は、日々コンプレックスにさいなまれたすえ、イギリスを「嫌う」というごく簡単な解決にすがった。だが、その感情はむしろ理性的愛(アガペー)の逆とも言うべき理性的嫌悪、すなわち「嫌うべきである」という理念のもとに嫌おうとする意志であるから、イギリスが嫌いという彼の言葉の裏に、われわれは容易にコンプレックスの煮えたぎる姿を認めるのである。実際、漱石の以下のような言葉は負け犬の遠吠えと変わるところはない。

洋行中に英国人は馬鹿だと感じて帰つて来た。日本人が英国人を真似ろ〳〵と云ふのは何を真似ろと云ふのか今以て分らない。(狩野亨吉宛書簡より)

僕は英国が大嫌ひ。あんな不心得な国民は世界にない。英語でめしを食つてゐるうちは残念でたまらなかつたが昨今の職業は漸く英語を離れて晴々した。

（小宮豊隆宛書簡より）

苟《いや》しくも天地の間に一個の漱石が漱石として存在する間は漱石は遂に漱石にして別人とはなれません。英国趣味があるなら、漱石が英人に似てゐるのではない。英人が漱石に似てゐるのである。

（森田白楊宛書簡より）

また次のくだりなど、当時の中国人に対する雰囲気的蔑視を顧慮すれば、けっして進歩的意見などではなく漱石の痩せ我慢がちらちらする。

日本人を観て支那人と云はれると厭がるは如何、支那人は日本人よりも遥かに名誉ある国民なり、只不幸にして目下不振の有様に沈淪せるなり、心ある人は日本人と呼ばるゝよりも支那人と云はるゝを名誉とすべきなり

（明治三四年三月一五日の日記より）

漱石は、日々コンプレックスにさいなまれながらロンドンの街を歩いていた。全身を眼に耳にしながら人々の視線に耐えていた彼の頭にあったのは何だろうか。西洋文明の威力か。わが国の近代化か。わが国の英語教育か。私はそのいずれでもないと確信する。彼の脳裏でぶんぶんうなっていたのは「ああ、こんなことをしている自分は恥ずかしい」ということであったに違いない。彼の肉体に注がれる英国人たちの視線に耐えるだけで精一杯であったに違いない。

多くの知識人たちがこのことを口に出さずに「西洋の衝撃」を論じているのは欺瞞的である。人並み以上に誇り高く過敏な連中が洋行したのである。似合わないフロックコートを着て重厚な石造りの街をよたよた歩く自分の姿に嫌悪を感じなかったエリートがいたとしたら、それこそ不思議であろう。さすがに漱石は正直であると思う。ロンドン滞在中の「日記」には次のような箇所がある。

此煤烟中に住む人間が何故美くしきや解し難し思ふに全く気候の為ならん大《原》陽の光薄き為ならん、往来にて向ふから背の低き妙なきたなき奴が来たと思へば我姿の鏡にうつりしなり

（明治三四年一月五日の日記より）

漱石のロンドンにおけるノイローゼの核心的部分がこの「肉体問題」であった、と私は考えている。彼の西欧人の肉体に対する賛美は強烈であり、これに呼応して、日本人の肉体を単純に卑下している。『三四郎』の一節である。

窓から見ると、西洋人が四五人列車の前を往つたり来たりしてゐる。其うちの一組は夫婦と見えて、暑いのに手を組み合せてゐる。女は上下とも真白な着物で、大変美しい。……頗《すこぶ》る上等に見える。三四郎は一生懸命に見惚《みと》れてゐた。是では威張るのも尤《もつと》もだと思つた。自分が西洋へ行つて、こんな人の中に這入つたら定めし肩身の狭い事だらうと迄考へた。……「どうも西洋人は美くしいですね」と云つた。三四郎は別段の答も出ないので只はあと受けて笑つて居た。……「こんな顔をして、こんなに弱つてゐては、いくら日露戦争に勝つて、一等国になつても駄目ですね。……」

美のもつ抵抗できない力

漱石のみならず、ヨーロッパを訪れた日本人は西洋人の美しさに感動し、同時に西洋人との対比において同胞が貧寒に見えることを発見した。永井荷風は「洋装の軍服を着れば如何なる名将といえども、威儀風采において日本人は到底西洋の下士官《スウソフ》にも肩を比する事は出来ない」（「銀座」）と言いきっている。

次は横光利一の『旅愁』からである。

「千鶴子さんは、日本人がどんなに見えましたか。今日は？」

千鶴子は云ひ難さうに一寸考へる風であつたが、唇にかすかに皮肉な影を泛べると、

「西洋人が綺麗に見えて困りましたわ。」と低く答へた。

「男が？」

「ええ。」

「はははは。」と矢代は思はず笑つた。

「僕もさうですよ。こちらの婦人が美しく見えて困りましたね。」

とかう云いかけたが……。

日本人としては千鶴子は先づ誰が見ても一流の美しい婦人と云ふべきであつた。けれども、それが一度ヨーロッパへ現れると取り包む周囲の景色のた

めに、うつりの悪い儚《はか》ない色として、あるか無きかのごとく憐れに淋しく見えた……。

ここで強調したいことは、美のもつ抵抗できない力である。明治のはじめから、われわれ日本人のあいだで西洋人の肉体は「美しく見える」という強制力をもちはじめた。この強制力が美の有する残酷さなのである。西洋人の肉体は特定の人種の偶然的な形態であるとわかっていようとも、西洋人をいかに憎く思おうとも、――南アフリカの黒人たちにとってさえ――その肉体はどうしようもなく美しく見えてしまうのである。

白い人・黄色い人

こうした欧米人の肉体賛美の中軸に、その肌の白さがあるという指摘がなされている。

わが国で長らく肌の白さが女性美の基本要素として讃えられており、この美意識が明治以降の西洋崇拝と容易に結びついて、西洋人の肉体崇拝に発展したというのである。そして、この意識にはおうおうにしてみずからの肌を「黄色い」醜い色の肌とみなすという反作用が含まれている。こうした美意識の自覚を描写したものとして、白人女性とのはじめての性交渉に伴う感慨を描いた遠藤周作の『アデンまで』以上の資料はないであろう。部屋には鏡があり、そこにもつれる二つの肉体が見える。主人公は日本人としてはむしろ自分の肉体を誇りにしていた。だが、「最初、俺は、鏡の映像が本当に俺の躰とは思えなかった」のである。

部屋の灯に真白に光った女の肩や乳房の輝きの横で、俺の肉体は生気のない、暗黄色をおびて沈んでいた。胸から腹にかけては、さほどでもなかったが、首のあたりから、この黄濁した色はますます鈍い光沢をふくんでいた。そして女と俺との躰がもつれ合う二つの色には一片の美、一つの調和もなかった。むしろ、それは醜悪だった。俺はそこに、真白な葩《はな》にしがみついた黄土色の地虫を連想した。その色自体も胆汁やその他の人間の分泌物を思いうかばせた。手で顔も躰も覆いたかった。

主人公は、この残酷な経験をさらに自虐的と言えるまでに追及する。

……確かなこと、それは如何に口惜しくとも、肉体という点では永久に俺や黒人は、白い皮膚をもった人間たちのまえでミジめさ、劣等感を忘れることはできぬという点だ……愛だけでは充分ではなかった。愛だけでは女は黄色人にもなれず、俺は白色人にもなれなかった。愛や理窟や主義だけでは、肌と肌の色の違いは消すことはできなかった。……階級的対立は消すことができるだろうが、色の対立は永遠に拭うことはできぬ。俺は永遠に黄いろく、あの女は永遠に白いのである。

漱石やこの主人公は敏感すぎるのであろうか。いや、私の四年半にわたるヨーロッパ体験からすると、彼らこそ正直である。ほとんどの日本人は、「白い皮膚をもった人間たちのまえでミジめさ、劣等感を忘れることはできぬ」ことを体験している。ただ、この事実を自己欺瞞から、恐怖から直視しようとしないだけである。

そして、こうした美意識が欧米人自身の美意識に正確に対応している、ということも看過してはならないことである。

醜い日本人

明治の日本に上陸した欧米人は、総じて日本人の肉体を自分たちよりはるかに醜いと感じていた。そして、こうした感覚は現在まで変わることなくめんめんと続いているのである。第二次世界大戦中の英国によるインド新兵用の教科書「日本および日本人」というパンフレットには、次のように書かれていたという。

諸君らがやがて見る日本兵は実に醜悪である。眼は細く小さく、頬骨が突き出し、口はひどい出歯、鼻は低くつぶれている。足は短くガニ股で、背は曲がり、腹は突き出ている。かれらはこの醜さと、それゆえに軽蔑されることを知っているのだ。かれらの性格もまた狡猾であり、そのため嫌われることも知っている。そこでかれらは戦争をおこし、支配者となって威圧しようとしたのだ。諸君はこの醜い、低劣な精神の人間に反抗し、勝ち、その野望をくじこうとしているのである。

(会田雄次『アーロン収容所』中公新書)

かつてイタリアを旅行していたとき、列車のコンパートメントに同席したイタリア人学生に「きみは日本人みたいだね」となにげなく言ったところ、「ぼくは美しい日本人だ！」と笑いながら答えた。「日本女性は魅力的か？」というインタビューに対するあるイギリス男性の答えは、例えば次のものである。

たとえばバレーの映画などを見ると「これはどうだろ！　みんなクイーン・アン式の脚〔ガニ股のこと〕をしている！」と誰でも思いますよね。彼女たちはタイ人みたいにスリムではないですね。プロポーションもイマイチだし、ちょっと太り気味みたいです。それに背も低い。私は日本人を今までそういう意味で魅力的な人種だと思ったことはないです。

（キャスリーン・マクロン『イギリス人の日本人観』草思社）

たぶん、彼の観察は欧米人としては平均的なものであろう。彼らが肉体において最も重視するのはその西欧的基準におけるプロポーションである。そして、大方の日本人はこの基準により落第するのだ。たしかに彼らは日本女性を抽象的には褒める。その優しさを、その優雅さを、その繊細さを讃える。しかし、もしわれわれがそう褒めそやす欧米人に日本人を厳密な美の基準で測るように要求したら、彼らは控え目にではあるが日本人が「美しくない」ことを告白するであろう。

ウィーンである日、日本人会の主催で「NHK紅白歌合戦」のビデオを観た。そこにウィーン大学日本学科の学生が十数人来ていたが、みなわれわれ日本人が笑わないところで笑いころげている。聞いてみると「なにしろ踊りが下手でプロポーションが悪いから、見るに耐えないね」という答えが返ってきた。私が強調したいことと、それはヨーロッパとは欧米人の肉体が美しく見え、日本人の肉体が醜く見えるようにわれわれの目を不断に教育する場だということである。

肉体コンプレックスと言語コンプレックス

彼らの傲慢さに憤慨しながらも、われわれ日本人のほとんどはこうした見方に抵抗できないであろう。西洋人が群れ集う席に自分が参加しており、そこに大きな鏡があればそれを覗き込むことに躊躇《ちゅうちょ》を覚えるであろう。私の留学生仲間のひとりが勇敢にもウィーンのダンススクールに通った。彼はごく普通の日本人的肉体の持ち主であったが、「鏡の前で自分の姿を見ると全身が崩れそうにがっかりする」とよく言っていた。鈴木孝夫氏も、次のように具体的にわれわれの「肉体観」を確認している。

白人と一緒にトイレなんかで並びますと、鏡の中の自分の顔を正視できないなんていう人もいますね。これはまさに他者基準なのです。つまり、白人とかヨーロッパ人のような肉体が人間としては本当であって、それから逸脱しているのは自分である……。

（前掲書『日本語は国際語になるか』所収）

そして、（ますますいらだたしいことに）欧米人はわれわれの卑屈なまでの欧米人の肉体に対する賛美を完全に知っており、彼らの多くはそれを意図的に利用さえするのである。ドイツで出ている旅行雑誌„Merian"には次のような日本旅行のコツが載っている。

きみが日本に行ったら、日本語をしゃべれても使ってはならない。どこまでも英語やドイツ語をしゃべれば、みんな親切にしてくれるだろう。とくにきみが金髪で背が高ければ申し分ない。きみは至るところで賞賛され尊敬されるであろう。

西洋人は、またわが国でビジネスにおいてもこの西洋崇拝を利用する。

背が高く色の白い人たちを見上げて、自分たちは彼らに比べると見劣りのする人間だと考えているのである。

……当然多くの西洋人ビジネスマンなども、身体のサイズ面での利点とカッティングのよい背広とかデザインの良い靴などといったものを、どちらかというと小柄でおとなしい日本人ビジネスマンに対する脅しの道具として使ったりする。（マクロン、前掲書）

なぜ、長々と肉体の話をするのか。日本人の言語コンプレックスは肉体コンプレックスとぴったり重なり合っている、と考えるからである。日本の文化遺産の美しさは誰もが誇りに思うものである。さらに、現在われわれは世界に誇る美しい製品をたえまなく産出している。だが、これほどまでに経済大国になっても、身体の美の基準を（西洋人の身体にではなく）日本人の身体に置いている人はいないであろう。

日本男性のほとんどは、背の高い堂々とした欧米人の体躯を前にしてなにがしかのコンプレックスを抱かないことはないであろう。日本女性のほとんどは、「きみのプロポーションは欧米人のようだ」と言われてそれを褒め言葉と解するであろう。女性週刊誌は（近ごろは男性週刊誌も）「顔を小さく見せる方法」とか「脚を長く（あるいは細く）見せる方法」とかの記事で埋もれている。普通のヨーロッパ人に生まれつき具《そな》わっている身体の特質を苦心惨憺して獲得しようという悲壮な掛け声に充ちている。

同じように、われわれの多くはやはり西欧語を美しい高級な言語だと感じている。フランス語やイタリア語の響きはわれわれの耳に心地よいのである。

言葉に対する憧れはその民族（の肉体）に対する憧れと表裏一体となっている。これを裏返せば、われわれ日本人はみずからの言語に対してもみずからの肉体に対しても、否定しようもなくコンプレックスを抱いているわけである。

私の知るうちで両者の連関をはっきり打ち出したのは、先に触れた鈴木孝夫氏である。彼によれば日本人は「日本語を深層心理の中で呪っている」（前掲書『日本語は国際語になるか』所収）と同時に「自分の肉体的特徴を呪っている民族」（同書所収）なのであり、その基準はいつも西欧なのである。われわれは、いくら欧米並みの生活を享受できても、原理的に欧米には到達できないのだ。なぜなら、われわれは欧米人ではないからである。欧米崇拝の根幹にはその肉体崇拝があり、これにぴったり言語崇拝が寄りそっている。このことを、われわれはごまかさずに正面から認めなければならない。

犬養道子の「国際的なマナー」の押しつけ

欧米通の日本人は最近次のようなことを口にするようになった。西洋の物まねだけの精巧な商品を売りさばく醜い日本人はいまや全世界で嫌われており、しかも——彼らによれば——その理由は充分あるのだ、と。こうした論者たちのさまざまな見解に共通の根を探っていくと、日本人は「国際的なマナー」を身につけていないという批判が核心部分を占めるように思われる。

その典型として、ふたたび犬養道子氏にご登場願おう。一つは、彼女があるアメリカ人の友人と東京でエレベーターに乗ったときの体験談である。「われわれが乗ろうとしたちょうどそのとき、二、三人の日本人の中年の男性がいきなりわりこんで来たと思ったら、女性の私をおしのけるしぐさでエレベーターに先に乗りこんだ」（犬養道子、前掲書）。そのとき「アメリカの友人が火のつくように怒っている」（同書）のが彼女にはよくわかったのである。しかも、犬養氏が乗り合わせているのに「日本人男性のひとりは、帽子をかぶったままだった」(同書)。こうした状況で、しばらくあとに何が起こったか。

さて、劇場の階に到着すると、二、三人の日本人男性は、乗りこんだとき同様、女性の私をトンと無視して先に降りようとした。アメリカの友人がいきなり腕をのばして帽子をかぶったままの人の肩をつかまえてうしろにひき戻したのはそのときだった。無礼者！　と彼は吐いて棄てるように言った。「レディをさしおいておしのけて乗って、帽子もぬがず、またぞろレディをおしのけて降りることがどれほどの非礼か知らないのか。東京だからかんべんしてやる。ニューヨークでだったらハリ倒してやるぞ」(同書)

というわけである。この直後に、日本人が全世界でいかに「愛されていないか」読者はご存知だろうか、というコメントがつく。ここにわれわれは、欧米の言語支配にはマナー支配が連携していること、われわれの言語コンプレックスにはさらにマナーコンプレックスが寄り添っていることを認めねばならない。

まず、犬養氏は、レディファーストを「国際的なマナー」だと断言するが、事実そうではない。次に、たとえ日本人は欧米化された近代国家の一員としてさしあたりレディファーストに従うべきであるとしても、どうしてそれに反した日本人を東京でアメリカ人が怒鳴りつけ、さらにその肩をつかみひき戻すほどの無礼をすることが許されるのか、私には皆目わからない。そのアメリカ人はニューヨークでならその日本人をハリ倒したというが、それもひどい仕打ちである。こうした欧米人の暴挙をけっして許してはなるまい。

冷静に考えてみるに、わが国では何ごとにつけ地位の高い人（おおむね年長者）を優先するという考えが強い。エレベーターでも自分より地位の高い人を先に乗せ、先に降りさせるのが普通である。

私はこれがよいと言っているのではない。ただ、ニューヨークで連れの老教授より先に降りようとしたアメリカ娘の肩をつかみ「先生より先に降りることがどれほどの無礼か知らないのか！　ニューヨークだから勘弁してやる、東京でだったらハリ倒してやるぞ」と怒鳴る日本人はいないであろう。いないことを幸いに思う。私の言いたいこと、それは、あのアメリカ人の行為はこれと大同小異の独善的かつ滑稽なものだ、ということである。

There is nothing. Please eat. Next room.

犬養氏の披露するもう一つの話は、さらにマナーコンプレックスの度が高まっている。内容は有名なものなので、ご承知の方も多いと思うが、私がとくに注目したいのは、これを紹介する犬養氏の姿勢である。それは「いまから十五年くらい前、東京じゅうの外国人たち（あらゆる大陸ひっくるめて）の間に大ひろがりにひろがったジョーク」（同書）である。

そのジョークとは。日本のあるえらい人が、わが家に外国人十人ばかり招いた。通訳もちゃんと頼んで、そばにおいておいたが、やがて「お食事の御用意ができました。お座敷にどうぞ」と奥さんが耳打ちしたとき、このときに限ってえらい人は、英語（と自分では確信している言葉）で、みなに向い、こう言った。'There is nothing. Please eat. Next room. 仰天したのしないの。招かれたみなは一瞬、あっけにとられた。中のひとりの日本語上手が、はたと気づいたのはそのあとで、気づいたとたん、彼はもうたまらなくなって、礼儀も何もあったればこそ、のけぞって涙を流して笑いに笑った。……「何も存在しないから食べてくれ、次の間を。となりの部屋を」半年くらいもつづいたろうか、在京外人たち——もちろん東南アジアも韓国も含める人たちとの食事に招かれるたびに、招いた主は、おもむろに言うのであった。There is nothing……すると、大よろこびの客たちがいっせいに、こう、つづけて、大合唱になるのだった。Please eat. Next room. アハハ、アハハ。（同書）

たしかにこれはおもしろい話である。客たちがそのときとっさに爆笑してもとがめまい。だが、なぜ招かれた客たちないし在京の外国人たちは、その後半年間も「何もございませんが、お座敷にいらしてください」という日本式のマナーをもの笑いの種にするのであろうか。ここには単なるジョークではない陰湿な勝ち誇った姿勢がある。私が厭なのはそこである。私はこうした場合、ほとんどの責任は、その半年間彼らと一緒にアハハと笑った犬養氏のような日本人にあると思う。「どこの国にも他国を嘲笑するジョークはあるよ。そんなにいきりたつのが日本人の悪いところだよ」という御仁には、ではこれから粗野なアメリカ流のマナーを嘲笑したジョークを東京中の外国人で半年間大合唱しようじゃないか、と提案したい。

アメリカ信仰

アメリカは、そこに滞在する多くの日本人をアメリカ信仰に導くらしい。私がここでアメリカ信仰の教徒と呼ぶのは、アメリカ社会の基準を人類普遍の基準だと思い込み、その基準で日本を日本人を容赦なく裁こうとするおびただしい群れの日本人のことである。このところ帰国子女に対するわが国の学校や社会の不寛容な姿勢が非難されている。NHKテレビでも放送された大沢周子さんの『たったひとつの青い空』（文藝春秋）には、帰国子女への日本の学校における陰湿ないじめの数々が大変印象的に語られている。中学二年のアキラは日々追いつめられ、ある日窮鼠《きゆうそ》の心境で「これだけは言わねばならない」と思い、次のように堂々と教室で訴える。

アメリカの学校には、みんなが守るルールがありました。……みんな、だれでも、自分の意見を述べる権利を持っています。だれ一人として、それを笑ったり、バカにしたりはできません、というルールです。それからもう一つ、……だれでも安全に教室で勉強する権利を持っています。だれ一人としてなぐったり、傷つけたりしてそれを妨げることはできません。

アキラの態度はとても立派である。だが、この部分を読んで私はアメリカの教育の欺瞞的な無批判性を知り背筋が寒くなったことを告白しなければならない。もちろんアメリカにも日本とは異質ないじめはある。いじめのために登校拒否している日本人は数多くいる。

アメリカにもいじめはある

カニングハム久子さんは、次のように具体的にその実態を報告している。『海外子女教育事情』（新潮選書）の一節「犯罪化するアメリカの「いじめ」」より。まず、日本人の少女が受けたいじめの具体的ありさま。

現地校でアメリカ人側と日本人側から、さまざまな形の「いじめ」にさらされている。トイレに入っていると、ドアの下の隙間（アメリカの公衆トイレのドアは、入っている人の足が見えるように、下部三十センチほど空いている）から、アメリカ人生徒がもぐりこんで来たり、上からのぞきこんだりする。消しゴムや鉛筆入れを取り上げられる。（日本製品の美しさは学用品にも顕著なので、アメリカ人児童の垂涎《すいぜん》の的である）体育の時間に、いつの間にかショートパンツが隠されていたこともある。相手が一人の時もあれば集団の場合もあった。

カニングハムさんは、いじめの起こる要因として次のものを挙げる。

一、いじめられる側が、両国の、弱者としての条件を備えていること。

二、受け入れ側のアメリカ人スタッフの対応が、日本人生徒の危機状況に対して、かなり冷淡なこと。

三、そこに悪乗りする日本人同輩たちがいること。

四、日本人の親たちが抗議を手控えたり、抗議をする場合、その方法を誤っていること。

右の「二」に関して、多くのアメリカ人の朋輩たちが、表現こそ違え、同じ主旨の意見を述べた。それは、「ここは移民の国だから、後から来た者はいじめられることになっている」というものであった。

そして、彼女が一番いらだたしく思うのは次のことである。

つい最近、或る著名な評論家の次のような一文に出会って驚いてしまった。「アメリカでは(いや、アメリカでなくとも、ほかの外国でも)ひとことも英語を話せない子でも、だれひとりとして、いじめられもしなければ登校拒否にもならない」次いで、「なのに、日本の学校では、どうしてこういうことが頻発するのか」とある……。

私はここで、いや、アメリカにも「いじめ」はあります。日本人駐在員児童の中にも、さまざまな形の「いじめ」や「いやがらせ」に遭って、登校拒否を起こした者、起こしている者もいます、と反論する……。

というわけで、アキラの見解は完全にまちがったものである。彼を責めるのは酷であることを承知のうえで、あえて批判してみる。彼の演説内容は二つの点で問題である。第一に、その内容が事実ではなく単なる理念である点において。そして、第二に、彼がその理念をもって日本の現実を一方的に裁いている点において。大沢さんの攻撃の矛先は先生に向けられている。私も同感である。だが、先生方に期待するものは、たぶん彼女とは異なっている。つまり先生は、例えば彼に次のように問いかけるべきだったのである。

　いま、きみの言ったことは、理念であって現実ではない。しかし、それにもかかわらずきみがそう語るような教育をたしかにアメリカは実践しているのだ。

　それはなぜだろう？

　そして、彼がなぜいじめられるのかを、日本とアメリカ双方の側から徹底的に議論するべきである。彼はなぜアメリカの学校で学んだとおりのことを実行して日本の中学校で排斥されるのかわからない。彼は知りたいのである。そして、彼をいじめつづける生徒たちもほんとうのところなぜ自分が彼に「むかつく」のかわからない。先生も生徒も、アキラのうちに硬く築かれているアメリカ信仰と自分の中に深く巣くっているアメリカ・コンプレックスの双方を直視しなければ、けっして解決策は見えてこないであろう。

米谷ふみ子の「知的水準発言」批判

話はやや古くなるが、アメリカ信仰の典型を表すものとして、最後に「知的水準発言」(一九八六年九月二二日、中曽根康弘首相〈当時〉が、「アメリカには黒人とか、プエルトリコとか……が相当いて、平均的にみたら〈知的水準は〉まだ非常に低い」と発言した)に対する在米の作家米谷ふみ子氏の発言を見てみよう。

叔父様、この首相の発言は、二十六年前に米国に来て以来、米国に住む日本人として一番大きなショックであったと言っても過言ではないでしょう。……首相は人種的偏見語で米国人を侮辱したのみならず三大陸における民族を侮辱したのです。首相は私たちとここで友達であった同じ少数民族を勝手に敵に回されました。偏見を受けた人々は決して忘れはしないでしょう。もう遅すぎます。みにくい傷がつきました。将来いやすことが出来るのでしょうか。

叔父様、日本人の知的水準が米国のそれより平均点が高いというようなことを首相が述べておられますが、日本では人間教育を金もうけのごとく数字で表すのでしょうか。あれでは帰国子女問題もいじめの問題も解決はつかないと思います。……また、そういうふうな数字で計られる知的水準を持たれた方々が、日本特有の天皇を中心とする上と下の関係ばかりを重んずることを道徳（?）とし、その自分たちの特殊な尺度で、多民族で成り立っているあくまでも平等を主張している国を計ろうというのですから。全くこの荒唐無稽な行動で、この度、首相は国際的な非常識を、時代錯誤を、教育の低さを世界中に赤裸裸に示されました。（朝日新聞、一九八六年九月二九日）

中曽根首相の発言は弁解の余地がない。そのうえで、私の不満は、ここにはアメリカ固有の苦悩を理解することを一方的に日本人に要求する姿勢だけが見られることである。米谷氏は首相がアメリカ人を侮辱したからには、自分も言い返す権利があると言わんばかりに——アキラと同様——完全にアメリカ側に立って、アメリカの正義をそして日本の悪を声高に非難している。

私が彼女に要求したいのは、あくまでも対等な態度である。逆にアメリカ人がはたして（ほぼ）単一民族からなるわが国固有の苦悩を理解しているかという視点、日本人にとって多民族国家が抱える人種問題を理解することがいかに難しいかという視点である。それが完全に抜け落ちている彼女は、私にはアメリカ信仰の教徒のように見える。
在米の日本の知識人がこの一〇〇分の一でもよいから、アメリカ人の日本社会に対する無知を批判してくれればよいのだが、残念ながら私の知っているかぎりそういう人はいない。

「イギリスがインドに進んだ文明をもたらしたのです!」

英語コンプレックスの背景を探っているわれわれに無視できないことは、英語はイギリスによるアジアの植民地支配の道具であった、という事実である。われわれ日本人もアジアを帝国主義的に支配し、彼らを言語に絶する悲惨な目に遭わせた。そして、当時の朝鮮人から彼らの母語を奪い、日本語の使用を強制した。この徹底的母語剥奪に似たものとして、イギリスによるアイルランド語の剝奪が挙げられる。

この場合、日本人は欧米人のまねをしてアジア人同胞を虐待しておきながら、欧米人のアジア侵略を批判する資格はない、と言うべきであろうか。賢明な読者にここで考えてもらいたいことは、平均的日本人はアジア侵略に対して何ほどかの良心の呵責を感ずるのに対して、平均的イギリス人はそれに対してほとんど自責の感情をもっていないということである。

イギリス人のインド支配の過酷さは人も知るとおりである。イギリスはアヘンによる中国支配というおよそ考えうるかぎり最も卑劣な手段を講じた。それにもかかわらず、大多数のイギリス人は自分たちのアジア支配を正当だと考えている、ということを私は強調したい。

経済学者の吉岡昭彦氏は、次のようにとうとうと語るイギリス婦人を紹介している。

「あなたは、イギリスがインドに進んだ文明をもたらし、良い統治をもちこんだことを忘れてはいけません。考えてごらんなさい。インドに港をつくり、鉄道を敷設し、道路をつけたのはイギリス人です。インド人に近代的な工業技術を教えたのもイギリス人です。あなたがこれからインドを旅行してみるとわかりますが、英語は、インドのどこでも通用する唯一の言葉ですよ。それから、インドに政治的な統一をもたらしたのはイギリスですし、法による統治・代議制による政治を教えたのもイギリスです」。

彼女はだんだん早口になって、しきりにイギリスの功績を並べたてはじめた。私は、「これは盾の半面しか見ていないイギリス優越史観であり、支配正当化の論理ではないか」と心ひそかに考えたが、とっさには反論できそうもない。

（『インドとイギリス』岩波新書）

彼らのアジア人に対するおそるべき傲慢な見方は香港に関しても同じである。我妻洋氏の証言から引いてみよう。

十五年まえ香港に住んでいたとき、「一九九七年、九竜の一部と新界とよばれる地区を中国に返還するときがきたら、どうするのか」とイギリスの役人や香港大学の英国人教授に、尋ねてみたことがあります。すべてのイギリス人が「中国人に香港の行政と産業のすべてが処理できるはずがない、われわれの応援を求めるに決まっているから、たいした変化はない」と、眉ひとつ動かさずに答えたのに、あぜんとしたことがあります。

（『日本人とアメリカ人ここが大違い』ネスコブックス）

白い〝高級人種〟イギリス人が、黄色い〝下等人種〟日本人に敗北した屈辱

昭和天皇の危篤に当たって最もえげつない攻撃的記事を掲載したのもイギリスであった。手元にそのいくつかがあるが、ご承知のように「地獄が天皇を待っている」（サン）、「血塗られた帝国」（スター）などの過激な表現が連なっている。では、こうした記事を書いたイギリス人はヴィクトリア女王が死んだ際に「地獄がヴィクトリアを待っている」という記事を（もし同じ理屈なら）インド人は書くべきであったということを考えてもみないのであろうか。

彼らはなぜにそれほどまで天皇を憎むのか、それは、「連合軍の捕虜が拷問され餓死していくなかで、天皇は何もしなかった」（サン）からである。では、なぜそれほどまでに捕虜体験を憎むのか。先に紹介したマクロン夫人は次のように傲慢にも正直にまとめている。

ひとつには日本人ごときにやっつけられて英国軍人の誇りをひどく傷つけられたこと、そしてそのおかげでいずれそうなる運命にあったにせよ植民地支配がガタガタになってしまったことに対する恨みと憤りであろう。（前掲書）

そして、彼女はこの直後に次のように力説する。

英国紳士の誇りとは弱者に対する親切と思いやりである。これは階級と血筋を誇る上流階級の英国人のあいだでは特にうるさく言われるし、軍の中にあっても人間としてのひとつの行動規範として生きていた。また捕虜は本来何の権限も持たない非常に弱い立場にあり、国際赤十字のルール下に置かれるというのがヨーロッパ流の戦争のルールである。だから、それを無視した旧日本軍は英国流ではルール違反の野蛮人ということになるのである。（同書）

マクロン夫人よ、インドではヨークシア産の綿花を入れるためにインド人綿花手工業者の腕を次々に切り落とし、香港では膨大な民衆にアヘンを吸わせてその人格を破滅させたイギリス人には「弱者に対する親切と思いやり」があったのだろうか。こうしたことを平然とおこなったイギリス人はヨーロッパ流でも何流でも「ルール違反の野蛮人ということになる」のではないか。

だが、どうも彼らにとってその卑劣きわまる行為はルール違反にはならないようである。吉岡氏は述懐している。

……彼らイギリス人にとって、勝者と敗者、優等人種と劣等人種の区別は、明瞭であり絶対的である。そして勝者こそ優等人種である。優等人種は劣等人種を保護し教化しなければならない。それは「神の恩寵」であり、「文明の信託」である。（前掲書）

マクロン夫人も、日本人を「ルール違反の野蛮人」と呼んだ直後に、そのルールとはけっしてイギリスと日本とのあいだに対等に成立するルールではないというホンネを語っている。

マレーシア・シンガポールそしてビルマで、白い〝高級人種〟英国人が黄色い〝下等人種〟日本人に敗北した屈辱は、日本軍の捕虜に対する厳しい扱いが知られると、それに対する英国人の怒りに油を注ぐことになったのである。この怒りは今も年配の英国人の心の中に残っている。（前掲書）

こういうわけである。すなわち、――まことに興味深いことに――近代ヨーロッパで「自由・平等・博愛」のスローガンが打ち上げられた後に、過酷なアジア支配が始まったという事実（そしてわが国もそれに追随したという事実）を忘れてはならない。そして、多くのヨーロッパ人がこの事実をいまなお恥じておらず、むしろ正当だとみなしていることを忘れてはならない。とすれば、長谷川三千子氏の言うごとく、ヨーロッパ人（そしてアメリカ人）こそ、これから真の意味で最も「国際化」されねばならない人種なのである。最後に彼女の含蓄ある言葉を引いておこう。

近代ヨーロッパ人達がアジアについて強調する「静謐」と「停滞」のイメーヂ、アフリカについて抱く「未開」と「自然」のイメーヂは、いづれも、両地域の特色そのものを表はしてゐるといふよりは、近代ヨーロッパがその両地域に要請したものを示してゐると言つた方があたつてゐます。

（『からごころ』中公叢書、一九八六年）

3　その克服

まずコンプレックスを認めることから

さて、これほどまでに深刻な英語コンプレックスから、われわれはいかにしたら抜け出せるであろうか。私は、ここであえて英語コンプレックスの克服は——あらゆるコンプレックスの克服と同様——きわめて難しい、と言っておきたい。一般に、コンプレックスの克服は、われわれの体感に染み込んだ物の見方の基本座標を完全に変換することなしには不可能である。スピノザの言うように、「誤った観念に属する積極的なものは、真なる観念が現れても、それが真であるということだけでは、なんら除去されない」（『エチカ』）のである。

英語コンプレックスは、探れば探るほどその根は深い。それは明治以降のわれわれ日本人の欧米に対する態度そのものに関している。すなわち、欧米の文物を「よきもの」として学んだことにより自国の独立をようやく保てたという歴史に関している。そして、この一〇〇年以上に及ぶ歴史において蓄積された感じ方はそうやすやすと変わらない。先の戦争の一時期「鬼畜米英」という標語のもとにアメリカやイギリスを理性的に憎もうとしたが、それは大変な努力の果ての自己催眠によるものであった。マッカーサーは、あっという間にこの催眠を解いてくれた。昭和天皇と彼が並んで写っている有名な写真を見て、そこにわれわれは立派な欧米人と貧弱な日本人という対立をまざまざと再確認させられたのである。

私が強調したいこと、それはごまかすことなく自分のうちに潜む欧米コンプレックスを直視することから出発するほかはない、ということである。これはわれわれの「運命」なのである。黒人解放運動が黒い肌の色を理性的に愛すること（アガペー）から出発せねばならないように、われわれはこの運命を理性的に愛することから、すなわち、自分に与えられた運命を愛するところから出発するほかない。そして、コンプレックスはこうした理性的レベルでは解決できないことを肝に銘じつつ、さしあたりどこまでも理性的に対等の原則を貫くことに全力を投じるほかない。

これは苦しい努力である。黒人が自分たちの肌の色を「ビューティフル」とみなすとき、それは、かならずしも自然に湧き上がる感情ではあるまい。努力の果ての人為的な（理性的な）感情、すなわち黒い肌は理論的に美しくあるべきなのである。同じように、日本語を英語と対等な言語として認めるという態度は、涙ぐましい努力の果てに、われわれの自然な感情に逆らってやっと獲得される態度なのだ。

次のように問う人がいるとしよう。

> 私は現在の国際語としての英語に特別不都合を感じない。なぜ、わざわざこれに逆らってみずからの血を流しみずからの骨を砕く努力をしなければならないのか？

この疑問に対する答えは簡単である。それが正しいからである。言語や民族のあいだにはいかなる支配の構造もあってはならないからである。われわれは現在の英語支配の構造を変革すべきだからである。とすれば、その変革はいくら困難であってもできるのである。カントとともに言えば「きみはできる、なぜならすべきだからだ（Du kannst, denn du sollst）」（カント自身の言葉ではないが、カント倫理学の基本思想を表すものとして、有名なもの）。こうした認識に立って、次に具体的にわれわれが「すべきこと」を考えてみることにしよう。

“English”と“Englic”

とりわけ現在の教育制度を前提にすると、中学校の英語教師の責任は重い。私は鈴木孝夫氏の提言、すなわち真の国際語としての“Englic”(鈴木氏の造語)を英米固有の文化を担った文化語としての“English”から区別することに基本的に賛成である。中学生、高校生(そして、場合によっては英文科以外の大学生)に対しては“Englic”を教育すべきであるが、その場合英語教育の仕方を一変する必要があろう。

中学の場合に的を絞って考えてみる。現在の英語教育は正しいすなわち英米のスタンダード・イングリッシュを教えることに心を擦り減らしている。中学のはじめから、生徒は大文字と小文字の使い分け、カンマやピリオドやクエスチョンマークなどの記号の使い方といった正字法の訓練と、正しい(すなわち英米の)発音の訓練に大部分の労力を費やす。わが国において英語が「できる」生徒とは、こうした約束ごとを正確に覚えられる生徒のことなのである。

だが、国際語としての英語教育の理念からして、何も英米における英語のみが正しい英語ではない。とくに中学の段階では、正しさの基準はずっと弱めるべきである。例えば、みずからは典型的なアメリカン・イングリッシュを使いながらも、立派に通ずるジャパニーズ・イングリッシュもまた正しいと認め、みずからはアメリカン・イングリッシュの正字法にかなった表記をしながらも、ピリオドを欠き、大文字小文字の表記が混乱している程度の表記も容認する（つまり減点しない）ような寛大さが必要であろう。

そして、現在のわが国の英語教師に最も欠けており最も求められることは、必死の思いで自分のうちにうごめく英語コンプレックスと闘うことである。すべての教師は、この岩のように堅固なコンプレックスを打ち砕くように、日々努力を積み重ねなければならない。だが、――賢明な読者にはもうおわかりのことと思うが――この闘いは、彼らが英語コンプレックスを解消するためにアメリカやイギリスに留学し英語をマスターするという方向とは正確に反対の方向をめざしている。つまり、自分の下手な英語を断じて恥じないという態度を徹底的に身につけ、それを全身で生徒に伝えるべきなのである。

修学旅行先で、英米人に出会ったら、引率の英語教師はまず彼らにごく自然に日本語で話しかけるという模範を示すべきであろう。そして、彼らが日本語を解せない場合は、自分を英語教師と名乗ったうえで、その（スタンダード・イングリッシュから見ると）おそまつ至極なジャパニーズ・イングリッシュを、けっしてへらへらしたりつべこべ言い訳したりせずに堂々と生徒の前で披露すべきであろう。

教師の東北弁を嘲笑する生徒たちを許してはならないように、教師のジャパニーズ・イングリッシュを嘲笑する生徒たちを断じて許してはならない。生徒たちはこうした教師の態度から英語と日本語に対する正しい関係を学ぶであろう。そこに、またとない国際語としての英語教育の場が開かれるのである。コンプレックスは自然には形成されない。子供たちは大人のコンプレックスを学び、それを自分固有のコンプレックスへと育て上げてゆくのである。

アジア・アフリカ植民地支配の道具としての英語

私は教師たちにほとんど過酷とさえ言える要求をしていることを知っている。それを自認したうえで、英語のある程度下手なしかも臆することなくそれを使用する中学教師が輩出されればよい、と私は心底思っている。しかし現状は、英語のある程度上手なしかもなお恥じてそれを使用しない教師ばかりが、英語教育に携わっているのだ。生徒たちはそうした教師から、英語支配の構造をからだの芯まで学ぶのである。

国際語としての英語を教える者にとって必要なのは、いわゆる学力としての英語力以上にこうした正しい言語行為の実践であると私は確信している。かつて朝鮮半島で強引な日本語教育が施行され、われわれは年配の朝鮮人・韓国人が日本語を日本人のように巧みにしゃべるのを聞いて心の痛みを覚える。ヨーロッパを旅行された方はご存知だろうが、東欧や北欧でドイツ語を使うと身の危険を感ずることさえある。

いかなる英語教師といえども、もし以上の感覚が少しでもわかる者なら、英語こそ（そして次にフランス語）アジア・アフリカの広大な植民地支配の道具だったという事実に目をつむってはならないであろう。欧米の植民地支配を教室で声高に非難せよ、と言っているのではない。アジア植民地支配の道具として使用された英語を、アジアの一国としてのわが国でいま眼の前の生徒たちに教えている行為を、何がしかの痛みとともに自覚せよ、と言っているのである。

医者には学力よりもっと重要な人間としての要件がある、と言われて久しい。英語教師も同様である。最も罪深い教師は、こうした事実を反省しようとしないアメリカ病・イギリス病患者たちである。彼らは、単純に英語やアメリカ・イギリスに惚れ込んでおり、その自己陶酔の感情を教室で生徒に押しつける。子供たちを日々英語コンプレックスへと駆り立てて反省することがないのである。

日本人は「日本人らしく」英語をしゃべればいい

先ほど英会話学校の弊害について触れたが、もし英語が国際語であれば日本人は「アメリカ人やイギリス人のように」英語をしゃべる必要はない。日本人固有の身振り、しぐさを保持したまま英語を話してよいのである。日本人は相槌が多くて閉口する。日本人は相手の眼をまともに見ない。日本人はイエス、イエスと言っておきながら、最後にノーと言う。日本人はすべてに消極的で自己主張が乏しい、……いくつもいくつも注文が続く。こうしたことをのたまう人は、やはり英語を国際語としては認めていないのであり、英米人のようにしゃべるべきだと決めてかかっているのである。

もちろん、イギリスが大好きな人がイギリス人のように英語をしゃべって悪い事はない。それは趣味の問題であり、彼は日本人のように英語をしゃべる人より寸毫《すんごう》も偉いわけではない。しかし、一般的に言って、イギリスで幼年時代を過ごしたのでもない日本人がイギリス人のように英語を操るのは、きわめて不自然なのである。むしろ不愉快なのである。趣味といっても悪い趣味である。中根千枝氏は述懐している。

外国人の出席者が圧倒的に多かったあるパーティの帰り、ごいっしょになった方（日本人）が私に、やれやれという感じで、「僕は外国人と英語で話をしているときの日本人を見るのは耐えられない。とてもいやな気持がしてならないのです」と話されたが、そういえば、私も、われわれ日本人と話すときは教養のあることが感じられる礼節をわきまえた人が、外国人と英語を話すとき、なぜあのように浅薄でいやらしくみえるのか不思議な気がすることが時々ある。そういう人に限って、アメリカやイギリスのアクセントを少しオーバーに使って、自分の英語力を誇示するかのごとくである。感歎詞とか受け答えの文句など、とくにアチラ式で、私をゾーッとさせる方もいる。

（『適応の条件』講談社現代新書）

私はイギリス滞在中、ある日本の学者が例のオックスフォード・アクセントをオーバーに使って話すのに対して、イギリス人が「たのむからそんなまねはしないでくれ」といっていたのを知って、……私は……自己流の英語をしゃべることにいっそう自信をもったのである。イギリス人にいわせると、「そのほうがあなたのパーソナリティが出て、ずっとチャーミングである」とのこと。……それは京都や大阪の人々にとって、東京の者がむりに京都弁や大阪弁でしゃべると、ゾーッとし、たのむからやめてくれ、という、あれと同じであると思う。（同書）

おわかりであろうか。日本人にとっての英語の最も優雅なしゃべり方は、日本人らしくしゃべることである。

言語間の真の対等な関係を目指して

こうして、英語支配の構造を覆すためにとるべき第一の対策は、英語を真の国際語として機能させるために、そこから英米文化の臭いをなるべく消し去ることである。私の中学のときの教科書は、イースター、ハロウィーン、クリスマスといったアメリカの（しかも白人・クリスチャン・中産階級の）生活習慣が満載されたものであった。国際語としての英語の教科書にこのすべては必要ない、いやむしろ有害である。そこには、お正月、お花見、こいのぼり、夏休み、運動会といった日本の普通の生活習慣が載っていればいいのだ。

そして、もう一つの対策は、さまざまな言語間での対等な関係を確立することである。先日ドイツ大使館からある本を送っていただき、それに手紙が添えられてあったが、それは（当然のことながら？）ドイツ語であった。だが、ウィーンの日本大使館はオーストリア人学者に日本語ではなくドイツ語で手紙を出す。ウィーン大学のヤパノロギー（日本学）教授からも手紙はすべてドイツ語で来る。これに対して、わが国のドイツ語の先生は、ドイツ人のゲーテ研究者に日本語で手紙を書くだろうか？　対等原則からすれば、彼はドイツ人のドイツ文学研究者に日本語で手紙を書くべきであろう。私はこうした認識に立って、その手紙の返事を日本語で書いた。

拝復、桜の花も散り、眼を洗われるような新緑の季節となりました。

このたびは△△△をご恵送くださいまして誠に有り難うございました。思いがけないことで大変嬉しく存じました。

……

敬具

平成四年×月×日

中島義道

ドイツ連邦共和国大使館○○○○殿

こうした手紙を出すことが、場合によっては相手の心を逆なですることは承知している。しかし、些細なことだからと引き下がってはならないのだ。むしろ、きわめて大事なことは、「それ自体は大したことでないような、欧米に盲従する日常茶飯の自分の行動や癖を意識的に反省し、もしそこで問題があればあえて異を唱え、こだわる習慣をつけることである」。これは勇気を必要とすることである。私に対して紳士的に尊敬を込めて接してくれ、日本にきわめてよい印象をもっているイギリス人に向かって「日本で握手するのはおかしい」とか「あなたは日本語を学ぶべきだ」と言うことは大変勇気のいることである。人間関係を荒立てたくないほとんどの日本人にとって、これは難問中の難問であろう。

しかも、へりくだって申し訳なさそうに頼むのではなく、ごく自然に堂々と主張すべきなのだから……。血相を変えて主張する必要はない。最初に紹介したように、私がウィーンでイギリス人教師に対等を要求したときは、興奮しており、決裂を覚悟していた。だから、相手にはよく伝わらなかったのである。けっして彼らの傲慢や偏見を見過ごしにせず、しかも時宜をつかんでさりげなく言えばよいのである。その静かな要求に、彼らがどのように応えるかをしっかり観察すればよいのである。

一般に、支配・被支配の構造において、支配する側の意識改革を待っていては何も進展しない。被支配の側から叫び声を発していかねばならないのだ。この場合、相手に要求ばかりする自分に厭気がさすであろう。自分の英語力の貧しさを正当化するためのずるいやり方だ、と思いたくもなるであろう。英語を巧みに操り英米人と互角にやりあっている人々のほうが、はるかに賢明に見えることもあろう。貴重な英米人の友人を失うかもしれない。多くの人から時代に逆行する偏屈者と思われるかもしれない。しかし、人種差別においても性差別においても、差別を訴え平等をめざす戦いは、こうした痛みをくぐってはじめて成り立つのである。

英語コンプレックスを空威張りや自己欺瞞や痩せ我慢ではなく、真の意味で克服するには、一つの道しかない。それはあらゆるコンプレックスと同様、そのコンプレックスの全貌を見通し、それを克服する手段を真剣に研究し、かつ勇気をもって具体的な行為に出ることである。ただ不満を心に溜めておくだけではなく、まして不満から眼を逸らせることではなく、そうした苦痛を伴った行為の着実な積み重ねのみが、いつしかその人をコンプレックスから解放していくのである。

では、実際どのようにすればいいのか？　あとは、読者各人にお任せするよりほかはない。この雑文を読んで英語コンプレックスを克服したという人はいないであろう。いまこの時から、各人が自分の個々の行為を通じてその血の滲むような体験を通じて発見していくほかはない。それでもコンプレックスは、しつこい染みのようにいつまでも消えないかもしれない。だが、ぎりぎりの努力を払った人だけが「私は〇〇〇にコンプレックスを抱いている」と晴れやかに語ることができる。そして、そう語る彼あるいは彼女は、じつにすでに半ば（以上）そのコンプレックスを克服しているのである。

第二章

英語コンプレックス状況の変化

1　欧米崇拝の希薄化

二〇年の後

第一章は一九九三年に書いたもの（「英語コンプレックスを探る」津田幸男編『英語支配への異論』所収、第三書館）である。それより三年前の一九九〇年、私は『ウィーン愛憎』（中公新書）を刊行した。そこにおいて、一九七九年十月から一九八四年三月までのウィーン滞在期間、私が身をもって体験したヨーロッパ人の傲慢や偏見、それに無批判に追随する日本人たちの生態を克明に描いた。第一章はその延長上にあり、いま読み返してみると、私の個人的体験における「無念さ」とか「敗北感」がまだ湯気を立てて沸き立っている。典型的なルサンチマンにまみれた文章であるが、（自分で言うのもおかしいが）真摯な態度に貫かれていて、気持ちがいい。

日本人を代表するような書きぶりであるが、もちろんそうではない。当時においても、英語ができなくとも、それにほとんどコンプレックスを抱かない人は多数いたことであろう。欧米人を前にしても、肉体コンプレックスもマナーコンプレックスもまったく感じなかった人は少なくあるまい。それはそれで、いっこうに構わないのである。

私は社会科学の厳密な方法論に基づいて学問的研究をしたのではない。ただ、当時私の周囲によく見られた日本人の顕著なタイプ（そのほとんどがインテリ）を、ある程度の資料に基づいてあぶり出しただけである。

そのときから二〇年以上が経過したいま、ずいぶん日本人の欧米コンプレックスは、したがって英語コンプレックスは薄らいだという実感である。そして、それと連動して、私自身の英語コンプレックスも希薄化していった。日本の欧米に対する相対的位置の向上という時代状況に加えて、さらに私が年を取り日々の体験を積み、社会的付加物（父親、教授という社会的地位、物書きに伴うわずかではあるが金と名声など）を背負い込むにつれて、欧米および欧米人に対する自分の態度が大きく変化していったからであろう。

こうした認識の上に立って、本章では英語コンプレックスが希薄化している現代日本の状況を観察してみよう。

肉体コンプレックスの希薄化

第一章では、英語コンプレックスが欧米コンプレックスという磁場によって方向づけられ、それがもっぱら欧米人に対する肉体コンプレックスとマナーコンプレックスに基づくと論じたが、いまやこの「理論」の説得力はなさそうである。なぜなら、いまの若者をつぶさに観察し、彼らの一部と話してよくわかることだが、現代日本人は欧米コンプレックスをほとんどもっていないからである。その「根拠」である肉体コンプレックスも——完全に消えたわけではないが——あまりなさそうであり、マナーコンプレックスに至っては、いまの若者に説明するのが困難なほどである。少し立ち入って考察してみよう。

私はここ一〇年ほど多くの若者たち（主に学生たち）に、欧米人に対して肉体コンプレックスを感ずるかどうか聞きつづけている。その結果、男子も女子も「ほとんど感じない」という答えが圧倒的である（もちろん、これは統計的方法を駆使して得られた客観的な結果ではない。念のため）。

誰でも感ずることだと思うが、近ごろの若者の体型は、三〇～四〇年前の私が若いころに比べてたしかに欧米人型に近づいている。顔は小さく、脚はまっすぐで、細おもての男女が少なくない。だが、そのことより一層「進化」したと思うのは、若い日本人たちがこぎれいになったということである。街を歩いていても特別な美男や美女に出会うことは少ないが、総じて清潔で都会的なセンスにあふれている。

かつての若者の大部分は貧しかった。男が外見を気にすることに対する偏見も強かった。当時でも少数の美男はいたが、ファッションに凝る男はごく少数派であり、依然として男は服装に頓着しないのがヨシとされていた。その結果、男たちは総じてかなりみすぼらしかった。

私の学生時代、東大生はすべて夏を除き学生服を着ていた。学生帽をかぶっていた者も少なくなかった。そして、夏は上着を脱いで白いワイシャツになるだけ。そのころ、黒でない色のズボンを大学にはいていくと、わっと目立ったものである。いつ顔を洗ったのかと疑いたくなるほど薄汚れた顔が多く、髪の毛はふけだらけ、爪は真っ黒で、近くに寄ると、臭い男も例外ではなかった。

これが、あの大学紛争を境にあっという間に変化した。ジーンズに長髪、サイケデリックファッション、ロングコートにトンボめがね、……と反体制を気取る若い男たちは急激にファッションに凝り出した。女子学生も女らしい服装は影を潜め、ブルージーンズをはいて学内を闊歩するようになり、服装の性差はほとんどなくなった。

幕末や明治のころの男たちはいま見ても立派であり、欧米でも堂々としていた（らしい）が、敗戦からしばらく、日本の男たちが最も自信を失っていたころ、おもしろいことに、やはり外見的にも最も魅力に欠けていたのである。男たちは、へこへこ欧米人の前で媚びへつらい、商売のために欧米人におもねり、生きていくために筋を曲げ、欧米人の理不尽も横暴も受け流し、欧米人に気に入ってもらおうと右顧左眄《うこさべん》し、欧米人と一緒になって同胞を軽蔑し、嘲笑し、……その反対にアジア人に対しては、その屈辱を晴らすかのように、尊大で、横柄で、……という高度成長時代（一九六〇年代〜一九七〇年代）、日本人の顔は最も醜くなったように思う。日本人の肉体は最も貧相になったように思う。

私の個人的印象であるが、三二年前にはじめてヨーロッパ（ドイツ、フランス、イタリア）に行ったとき、彼の地で見かける日本人、とりわけ中年男たちの人相の悪さ、顔色の悪さ、態度の悪さ、言いきってしまえば「醜さ」に驚いた。その印象は、二五年前にウィーンに行ったときもほとんど変わりはない。

だが、最近はヨーロッパの街を歩く日本の男たちも――とりたてて美しくはないが――こぎれいになり、余裕があり、人相もよくなったようである。中高年の男たちの中にも、趣味豊かな服装をしているものが少なくない。

ましてや、ヨーロッパ各地で見かける日本の若者たちは、身体のプロポーションではたしかに劣るが、全体の印象においてヨーロッパの若者たちに比べてほとんど遜色がない。自分に似合う服装を巧みに選んでいて、清潔で、おっとりとしていて、きれいに見える。

最近、ヨーロッパで見かける日本人が総じてきれいに見えるのは、かならずしも身体の外形的な要素だけではない。日本人の欧米人に対する態度が変わったのだ。おもねる態度、擦り寄る態度、卑屈な態度が消え、ごく自然になったのである。

スポーツ選手がきれいになった

とくに、象徴的なのは、日本人のスポーツ選手がきれいになったことである。現代日本のスポーツ選手たちは、バレーボールでも、サッカーでも、スキーでも、野球でも、水泳でも、陸上でも、体操でも（男女ともに）とてもきれいだ。欧米選手たちと伍してもまったく遜色はなく、しかものびのびとしている。

失礼ながら、東京オリンピックのころ、白人選手の肉体のすらりとした美しさとわが国選手の肉体の貧弱さ・醜さを日々見せつけられて、絶望的な気持ちがしたものである。これは、けっして私の個人的な印象ではない。「白人選手と比べて劣等感をもってもしかたないですからね」というある女子アナウンサーのせりふが印象に残っている。

それが、いつごろからであろう。長野冬季オリンピック(一九九八年)のころからであろうか。日本人選手がそろってきれいになり、言いかえれば「育ちのいい」風貌になり、それとともに、試合に臨んでも肩の力を抜くようになった。勝ったときは素直にはしゃぎまわり、敗れてもけっして悲壮な顔はせず「自分なりに精一杯やりました」とけろりと答える。

もちろん、選手だけではない。昔の東大生は「もてない男」の集団のようなところがあったが、いまや外見ではほかの大学生とまったく区別がつかない。こう書くと「あたりまえだよ」と反論されるかもしれないが、一九六〇年代の平均的東大生はおそろしく東大生らしかったのである。帽子をかぶっていれば公然と判別できるが、ジャケットの胸に銀杏のバッジをするものが多かった。当時は、慶應や早稲田の学生もバッジをつけていた。

東大生は旅をするにも、京都や奈良の古寺巡礼をするのがふさわしく、「好きな音楽は?」と聞かれれば「クラシック」と答えることが漠然と期待されていた。私が「ビートルズ」と答えると、「へえ、変わった東大生だねえ」という返事が返ってきたものである。

当時の東大の女子学生は二八〇〇人あまりのうちで数十人だった。とくに、私の入った（将来は法学部に進む）文一は六三〇人のうちたった一人であった。「東大の女子学生」というと、ほとんど論理的矛盾のような響きがあり、東大の男子学生たちも敬遠していて、ほかの大学の男子学生からも相手にされず……という悲劇的状況であった。

だが、いまや、女優の菊川怜ですら東大出なのである。「美」と「ミーハー」と「学力」の組み合わせが可能なのである。実際、いま東大でも京大でも、女子学生たちは全然普通の女の子に負けずにきれいである。そして、いまやさまざまな大学に女性教授（准教授、講師）たちはたくさんいるが、彼女たちのほとんどが魅力的できれいである。

街もきれいになった

一九七二年夏にはじめてヨーロッパを訪れ、ハンブルクに着いたとき、私は道路や建物の壮大な美しさに圧倒された。それからバスでホームステイする家のあるヘアフォルトという小さな都市に向かったのだが、沿道の景色もその小都市もメルヘンに登場してくるようであった。その後訪れたウィーンやジュネーヴは、この世のものとも思われないほどきれいであった。そして、東京に帰ってきたとき（当時は

1959年の市電青山一丁目交差点（港区立港郷土資料館蔵）

国際線はまだ羽田空港)、東京の醜悪さと貧弱さが恐ろしいほどに私のからだに迫ってきた。

その後、成田にヨーロッパ便の国際空港が移って、新宿から成田エクスプレスに乗ることになった。車窓の景色は、成田空港に着く直前の田園風景を別にして醜悪のきわみであるが、成田への直通バスが増えて、最近は吉祥寺や調布からリムジンバスに乗ってみると、沿道の景色は悪くない。都心からウォーターフロントにかけては「美しい」とすら言える。

それにしても、東京はここ二〇～三〇年のあいだにずいぶん立派になった。最近ウィーンから帰ってきても、都心をはじめ新宿や調布など、普通の繁華街を訪れても、かつてのようにその醜さにショックを受けることはない。もちろん、電線・電柱、看板、放送という「三悪」はどこの街をも支配しており、街の景観はヨーロッパの街の景観に比べると、たしかに猥雑であるが、それにしても視覚的にずいぶん清潔になり、美的になり、しかも貧弱な安っぽさはなく、どっしりとした存在感をもってきた。

とくに、その清潔さは驚異的である。私が知るかぎり、日本の街は世界で一番清潔である。いまや、日本中、どんな片田舎に行っても、学校も、病院も、市役所も、駅も、銀行も、郵便局も、警察署もピカピカにきれいである。若い人は、これが当然だと思っているが、この「偉業」はやっとここ二〇年のうちに達成されたものである。

東京の昔の（東京オリンピック前の）写真を眺めてみるがいい。皇居の周辺部分を除いて、銀座通りや青山通りでさえ、いかに貧相で、安っぽく、猥雑であったか、よくわかるであろう。

ナイフやフォークなんて怖くない！

昔の話で恐縮だが、私が大学生のころ、まだほとんどの日本人は「ピザ」というものを知らなかった。渋谷にできたピザの専門店「ジロー」に姉に連れていってもらったとき「どうやって食べるの？」と聞くと「ナイフで切ってもいいし、そのまま手で食べてもいいのよ」と教えてくれた。当時（一九六〇年代）、スパゲティは多くの人が知っていたが、くるくるフォークで回して食べられる人は少なく、あまり上手にできると気障《きざ》と思われていた（とはいえ、私はド庶民なのでそれしか知らないのであって、上流階級ではきっと違ったのでしょうね）。

コーヒーですら、どうやって飲むのが正式か、人々は神経を尖らせていた。砂糖とミルクはどちらを先に入れるべきか、はたして砂糖やミルクを入れていいものか、ブラックのほうが本式ではないのか、スプーンでかき混ぜるときにカップをどうもつべきか、スプーンはどこに置いたらいいのか、カップはどちらの方向に回転させるべきか、取っ手はどうもつべきか……まちがってはいけないと緊張していた。

まして、庶民にとって、おびただしい数のナイフ・フォーク・スプーンの並んだフルコースを「こなす」のはたいそう恐ろしかった。ところが、いまは小・中学生の分際ですいすいこなしてしまう。かつては、試練にあったかのように尻込みするか、これから難しい手術に取り組むように神妙な顔つきで正確無比にナイフとフォークを動かすことを試みたものである。

洋式トイレも苦手な人が多く、ハイヒールのまま便座に上がって用を足そうとして転落、大怪我をしたという話がまことしやかに語り継がれていた。英語コンプレックスにぴったり寄り添って、西洋マナーコンプレックスが日本列島を支配し、みんな各人の「西洋度」を測定しながら、必死の思いで眼前の西洋の文物と格闘していたのである。

それが、いまはどうであろう。最近、学生など若い人と一緒に食事をして痛感するのは、彼らの食べ方のきれいさ、さりげなさである。コーヒーの飲み方が多少規則どおりでなくとも、スパゲティを焼きそばのように食べても、どうってことはない。その人を深く軽蔑することはない。現代日本の若者たちは、テーブルマナーが多少まちがっているかもしれないが、そんなことはどうでもいいとばかりに食べ物に食らいつくのだ。

なぜか？　そのマナーに文化的な優位を認めていないからである。いまや、どんな貧乏人でも、スパゲティをフォークでくるくる回して食べるし、どんな下層階級の人でもナイフとフォークを巧みにこなして、ステーキを食べる。

これが、ポイントである。英語も、コーヒーの飲み方やナイフとフォークの使い方程度に考えれば、コンプレックスは解消するのである。そして、いまや確実にその方向に向かっているように思われる。

私の学生時代は、英語がしゃべれる人は一握りしかいなく、まったく例外的な部類に入った。ほとんどの日本人は（インテリも含めて）、まったく会話は駄目で、英米人が来ると逃げ回っていたものである。それに呼応して、英語ができないことに神経を尖らせていた。いまや、われわれはテレビですばらしい英語をこなすアナウンサーやキャスターを見ても、なるほどという程度の反応しかしない。反対に、ずいぶん下手な英語を話す政治家や有名人を見ても、そんなもんかという程度、彼らを特別軽蔑するわけでもない。

これでいいのである。この道をもっと徹底させればいいのである。

観念的欧米幻想の消失

思い出すたびにむかむかすることがある（じつにたくさんあるのだが）。予備校教師として納まってからのこと、ある日「電気代」という英語に“electric charge”と“electric fee”があってその違いがわからないので、アメリカ人講師に聞こうと昼休みに講師控え室に訪ねていった。設問を説明し、そしてこの二つを辞書で見つけたのだが、と顔を覗き込むように尋ねると、まあ考えられる限りの無愛想な態度で、“electric fee!”とひとこと答えると、もう横を向いてパンを食べている。むかっとしたので、事務の女性に訴えた。すると、彼女はこう答えたのである。

　外国人の方は休み時間を大事にしますから……

殴りつけたいほどの怒りに襲われる。こういうのを奴隷根性もしくは植民地根性というのだろう。当時外国人講師の時給は――聞くところによると――われわれ日本人講師の三倍から四倍ということであった。日本人なら、どんどん取替えができる、だが、外国人はできない。だから、私がどんなに上層部に外国人講師の傲慢を訴えても聞いてくれないのである。

　こうした馬鹿げた欧米人崇拝が最近消えてなくなったことはまったく喜ばしいことである。いまどき、わが国で英会話の先生をしている欧米人を尊敬する人もいないであろう。むしろ、ずいぶん安直な生き方を選んだのですねえ、と皮肉も言いたくなる。

　ほんのちょっと前まで、先の事務員のような反応はこの国のいたるところで見られた。自分で見聞きしたわけでもないのに、「ヨーロッパ人は自分の生活を大事にするから」とか「欧米人は生活を楽しむことを知っているから」というように、紋切り型の欧米幻想を、人々はまことしやかに語って恥じることがなかった。

　一九七〇年代～一九八〇年代にかけて、日本が米国に次ぐ世界第二の経済大国にのし上がり、日本の車や家電製品が欧米やアジアの街にあふれ、一人当たりのGNP（Gross National Product. 当時はこれを使った）でも欧米先進国に迫りそうであったころ、多くの日本人たち（とくにインテリ）は、当時の欧米人の意地悪な日本観にぴったり寄り添って、こう言っていた。

たしかに、いまや日本は物質的に豊かになった。だが、その代償として、なんと多くのものを失ったことであろう。自然は汚染され、働き蜂のような男たちは、劣悪な労働条件に耐え、満員電車に揺られて、ウサギ小屋のようなわが家に帰る。だが、くたびれはてた男たちは、家庭を顧みず、女たちはいらいらし、この国で唯一の立身出世のために子供たちを非人間的な受験戦争へと駆り立てる。いまや、国民が信じているのは、カネだけであり、人々の心はすさみ、古い日本の情緒は失われ……

まあ、そう言いたければ、そう言ってもいい。だが、私がはなはだしい誤解だと思うのは、そのあとにかならず、「欧米ではもっと豊かな生活をしているのに」というフレーズが付くことである。たしかな見聞に支えられた報告もわずかにはあったが、ほとんどは思い込みである。その後、多くの日本人が欧米を訪れてみて、だいぶ様子が違うことを発見したことであろう。

読者諸賢もお気づきのことと思うが、このところ、こういう怠惰な紋切り型の欧米讃歌は消えてなくなった。みんな、欧米が楽天地ではないこと（あたりまえ）を知りはじめたのである。そして、現代日本が総合的に見てけっこう住みやすい国であること、そう認めざるをえないことに気づきはじめたのである。

欧米人に認めてもらいたい！

ちょっと前までの日本人は、欧米人に「認めてもらいたい」というヒステリックなほどの願望があったように思う。それは、さもしいものであった。アメリカやフランスから有名な俳優が来ると、かならず「日本の女性はいかがですか？」と聞き、「魅力的」という言葉を引き出したとたんに、からだ全体で喜びの叫び声を上げる。おそるおそる「日本の男性は？」とか「東京は？」と尋ね、「まったく駄目」という答えが返ってこないかぎり大成功なのだ。相手に夢中の女性が嘘でもいいから「愛している」と言ってもらいたいように、嘘でもいいから褒めてもらいたいのである。

いまどき、欧米から有名な俳優や歌手やスポーツ選手が来日しても「日本女性は魅力的ですか？」と質問するようなインタビューアーはいない。たとえ、そう聞いて返事がイエスであったとしても、われわれはもはや喜ばない。そんな返事によって、われわれの美意識が支えられなくてもいいのである。

それと連関するが、一九八〇年代以前に欧米に行った日本人が屈辱を覚えたことは、いまやわが国はこんなに近代化したのに、彼らがわかってくれないというものであり、「テレビのチャンネルは七個もあるのに」とか「ほとんどの家庭には電気冷蔵庫も電気洗濯機もあるのに」とか「新幹線は世界一の速度なのに」とか「大学が五〇〇以上もあるのに」というように、最先端のわずかな指標を示して、「さあ、優れていることを認めろ」と迫った。これは、後進国の国民に典型的なさもしい態度である。

一九六四年の東京オリンピックも国威発揚という色彩が強く、なんだかこれが失敗したらわが国は国際社会の中でもう生きていけないのではないか、と（当時高校三年生の）私は思ったものである。

自信は、意志力だけでは養うことができない。それはさまざまな「事実」に支えられていなければならない。いまや日本人は、どんな統計的指標を出されても世界のトップレベルに達してしまうので、そうした数値にはあまり関心がない。これは大きな変化である。自分がどう計算しても上位に来てしまうことがわかると、ひとはあまり統計に執着しなくなるものである。昨今の日本人はまさにそうである。GDP（Gross Domestic Product）が世界で何番かなど、どうでもいいことであろう。

だが、私がウィーンに留学していた一九八〇年代のはじめには、まだ多くの日本人（とりわけインテリ層）がわが国の「偏差値」に一喜一憂していた。西尾幹二氏の『ヨーロッパの個人主義』（講談社現代新書）には次のようなくだりがあり、それを読んだとき、にやりと笑ってしまった。

だが、しきりに自分で自分をほめたくて、日本人みずから日本の文明をたえずどこかと比較して、どこを追い抜き、今はどの辺にあり、したがってどこと対等になったとかならぬとか、そういうことをくりかえすこと自体がつまらぬ劣等感情の表現でしかないことに気がつかないことのほうがよほどどうかしている。それは端的に、ヨーロッパを克服していない証拠なのである。

このころ（一九六〇年代〜一九八〇年代）の日本人の感情から現代日本人の感情は

なんと隔たっていることであろうか。われわれは「ヨーロッパを克服」したのではない。ある点では彼らのほうが優れている。ある点ではわれわれのほうが優れている。ただそれだけである。ヨーロッパを総体的に克服したかどうかという問題自体が消えてしまった。それがとりもなおさず、「ヨーロッパを克服」したことなのかもしれない。

準＝欧米人？

欧米人に認めてもらいたいという願望が、（とくにインテリのあいだで）独特の屈折した態度を誘発することがある。一九八四年三月に四年半のウィーン滞在を終えて、東京に戻ってきた。東大（駒場）の社会科学科の助手に着任したのだが、先生方の私の「扱い方」がおもしろかった。これは年配の教授に顕著なのだが、私をあたかも「名誉白人」のように、いうなれば「準＝欧米人」として扱うのである。酒を呑むために渋谷に出ると、私を振り返って「うるさいでしょう？　汚いでしょう？」と同意を求めてくる。「ええ」と言うと、私に申し訳なさそうに、困ったものだというふうに自分も眉をひそめる。

ウィーンの日本人にも、こういう種族ははびこっていた。自分を常にウィーン人あるいはヨーロッパ人の側に置いて、ウィーンで見かける日本人の滑稽な態度や醜い外見をたえず嘲笑しているのだ。ウィーン人が冷笑的に日本の風俗習慣を話題にすると、それに（抗議するのでなく）へこへこ同意するのである。

社会科学科の談話室にひとり座っていると、「ウィーンはきれいな街ですねえ」とか「若いころ行きましたが、夢中になりました」と擦り寄る。ウインナワルツをドイツ語で歌い出す教授もいる。「ウィーンで『女の子』のことを表す特別の言葉ありますか？」「さあ、„Mädchen"の代わりにウィーンなまりで„Mädel"って言うことありますけど」と答えると、手帳を取り出して書きつける。みんなが、ウィーンをべた褒めするのであった。

「それは思い込みです。ウィーンはけっして天国ではありません。外国人にとってとても住みにくいところです」と何度言いたかったことか。だが、教授たちは、自分の夢を壊さないために、けっして私にそう言わせまいと決意しているかのようであった。いまは、こういう馬鹿げた観念的欧米崇拝はなくなった。パリでもローマでも、ジュネーブでもストックホルムでも、人間が住むかぎり汚濁にまみれた場所であることくらい誰でもわかっている。

アジア蔑視も、地方蔑視も薄くなった

韓国のテレビドラマ『冬のソナタ』が大人気であったが、これに象徴されているように、韓国ブームはずっと続いている。韓国に対する蔑視は限りなく薄くなったと言っていいであろう。「あなたは韓国人みたいだ」と言われたら、一九八〇年代までは私くらいの年齢層であると多くの人が不快感を覚えたであろうが(?)、いまやそうした感情は希薄になった。実際見れば見るほど日本人と韓国人が似ていることを認めざるをえないのであるから。

韓国の女性たちが――少なくとも日本女性と並ぶほど――美しいことは承認済みであるが、いま少なからぬ日本女性たちが韓国の美しい男優たちに夢中になっていることは、画期的である。こうした現象から、とくに若い世代では、韓国人みたいだと言われてうれしいと感ずる人さえいるのではないかと思う。

同じように、中国人にも東南アジアの人々に対しても、蔑視どころか淡い憧れをもっている人も多いように思う。

それは、何よりその国の実際を正確に知ったからである。その国を正確に知るとともに、アジアに対する伝承的な「マイナスの観念」が消えていったからである。

観念を変えるには、現実しかない。現実を直視しないことが、（誤った）観念を生きつづけさせるのである。

これと並行して、東京と地方の「心理的格差」もなくなった。中村登監督による佐田啓二と岡田茉莉子主演の『集金旅行』（一九五七年）という映画で、ふたりが山口県萩市の男たちから「どちらからいらっしゃいました？」と聞かれ「東京からです」と答えると、一斉に「へへー」と最敬礼するシーンがある。いまの若い人にはその意味もわからないに違いない。いまや――喜ばしいことに――、地方出身の人は、東京生まれの人にほとんどコンプレックスを感じていないようである。

そして、英語ができるようになりたい！

現代日本人が英語コンプレックスを抱かないからといって、英語ができることを望んでいないわけではない。むしろ、いまが一番英語熱は高いかもしれない。子供相手の英語教室は大盛況であり、小学校のころから親たちは子供を英語塾にやる。国語以外の全科目の授業を英語でしている埼玉県の中学校（実験校）に、全国から入学したいという問い合わせが殺到しているという。書店にはおびただしい数の英語（とくに英会話）上達のための指南書が山積みにされている。

だが、このすべては（第一章で紹介した）かつてダグラス・ラミス氏が嫌悪感をもって批判していた「英会話学校症候群」とはまるで違うのだ。現在、英語を学びたい者の大部分にとって、英語を学ぶのは、欧米の「高級言語」を学びたいからではない。欧米人と近づきになりたいからではない。まして、欧米人と同じようになりたいからではない。ただ、英語が必要だからである。インターネットを自由自在に操作するには英語は（どうしても？）欠かせない、将来の仕事や生活を考えると、英語ができるほうが断然トクだからである。

これは健全な動機であり、だから英語を学ぼうとする現代日本人は、卑屈ではない。「英語」だけに照準を集中させていて、——極端に言えば——アメリカ的生活・イギリス的思想などどうでもいいのだ。彼らのほとんどが、アメリカ人のように感じること、アメリカ人のように考えること、アメリカ人のように生きること、をめざしてはいない。アメリカおよびアメリカ人はなんら目標ではなく、ただ英語だけが目標なのである。

だから、最近の英会話学校では、かならずしも（いわゆる）白人のみが教師として雇われてはいない。黒人やアジア系などさまざまである。三〇年前は、白人でなければいけなかった。それは生徒が英語を白人という「高級人種」に重ね合わせて学ぶことを欲していたからである。

こうして、かつての（「英語コンプレックスを探る」を書いたころの）私には想像もつかなかったことであるが、英語に対する熱心な勉学意欲が、英語コンプレックスを伴わない場合がありうることを、現代日本の英語熱現象は示してくれる。

もちろん、コンプレックスを抱かないからといって、この地上で英語を母語とする人々がトクをし、そうでない人がソンをするという基本構図は変わらない。だが、意識における上下関係が薄れていけば、そこに諸言語間の（なるべく）平等な関係を築くことはそんなに難しいことではない。これはあらゆる差別問題に共通である。アメリカ人やイギリス人のほうが日本人より「高級民族」だと思っている、ないし感じているあいだは、英語と日本語との対等関係を実現するのは難しい。だが、そう思わなくなったとき、そう感じなくなったとき、不平等関係を是正することは制度だけの問題となる。現にすべての言語を国連用語にすることはできない。ではどうするべきか、という「明るい問題」として扱われうるのである。

「英語帝国主義」の解消に関しては――少なくとも現代のわが国は――もうここまで達しているように思われる。

2 「卑屈な」日本人論の減少

一九六〇年代まで

ここでは、戦後刊行された主な日本人論を挙げていくが、専門研究書は除き、一般書のみを見ることにする。もちろん、すべてを網羅することはできず、私の独特の関心と出会いに基づいた主観的なコレクションである。

戦後直後の日本人論を代表するものとして、誰でも挙げるのは次の三点であろう。

・ルース・ベネディクト『菊と刀』、現代教養文庫、一九五一年
・会田雄次『アーロン収容所』、中公新書、一九六二年
・中根千枝『タテ社会の人間関係』、講談社現代新書、一九六七年

『菊と刀』は、日本の敗戦色が濃くなってきたころ、戦後の日本占領に備えて日本人の行動様式を知るために、アメリカ政府の要請のもとに書かれたもの。文化人類

学者のベネディクトは、日本に一歩も足を踏み入れることなく、膨大な資料と在米日本人へのインタビューだけで書き上げた。日本がその典型である東アジアの文化を「恥の文化」、アメリカがその典型である欧米文化を「罪の文化」と呼んだ。こうした単純な二項分類、かつ後者のほうが前者より高級だという前提に立った論述はその後長く学会で激論を呼んだ。例えば、ずっと後の副田義也の『日本文化試論』（新曜社、一九九三年）はその衝撃の「まとめ」ともいうべき本である。

『アーロン収容所』は、筆者がビルマでイギリス軍の捕虜になったときの壮絶な体験を綴ったもの。「壮絶」とは、殴る蹴るの暴力ではない。イギリス人が日本人を人間として見ないという、さらに暴力的な扱いである。例えば、イギリス人女性は日本人捕虜の眼前でまったく羞恥心もなく全裸でシャワーを浴びるが、そこにイギリス人が来るとあわてて隠れるのであった。日本人捕虜に対しては犬や猫に対するのと同じ感覚なのである。

『タテ社会の人間関係』は、専門の文化人類学者による日本社会の人間関係論である。「タテ社会」とは、言うまでもなく「ヨコ社会」に対するもので、日本社会ではすべてタテの人間関係が優先されることを指摘したもの。いまとなっては当然のことを主張しているようだが、そろそろ欧米諸国とのコミュニケーションが大切になってきた時代、日本人の側からの本格的な日本人論として、学会のみならず多くの企業人にも迎えられた。

この時期の総論的な日本人論として定評があるものは、南博の『日本人の心理』(岩波新書、一九五三年)や丸山真男の『日本の思想』(岩波新書、一九六一年)など。また、同じ時代の安岡章太郎の『アメリカ感情旅行』(岩波新書、一九六二年)は、一人当たりの国民所得が一〇倍も開きがあった当時、アメリカを訪れた作家の目から豊かで強いアメリカがいきいきと語られている。例えば次のようなところ。

食事の仕度がととのい、食卓についたときには、もうわれわれはこの家で家族の一員にふくめられてしまった。すなわちD君の母君は、われわれの名を訊き、あっと言う間もなく、私は「ショウ」と呼ばれ、女房は「ミチュ」と呼ばれることになった。

……「ショウ」だの「ミチュ」だのと呼ばれることは、慣れれば何でもないことだろうし、はやく慣れてしまうべきかもしれないが、一方ではそんなことになってしまっては大変だという気もする。何が大変なのかは自分でもよくわからないが、とにかく困ることは困る。

私はまたD君たちと同じ部屋に寝てみて、ふだんは気のつきようもない彼等の習性に若干おどろいた。つまりD君たちはパジャマの下に何も着ないで寝る。それればかりでなくシャワーから上ってくると、しばらくはそのままの恰好で部屋の中を歩きまわり、髪の手入れをしたり、腋の下に香料をすりこんだりしながら、平然と友人と向き合って就職の条件など話し合っている。その間、彼等のセックスはたとえば私の枕元の上を往ったり来たりするのである。

安岡が滞在中にケネディ大統領の就任演説（一九六一年一月二十日）をテレビで観たというのだから、おおよその時代背景はおわかりであろう。いまだ黒人差別は顕著で、日本に対する敵国意識も消えていなかった。念のために、この本の第一章は「ある劣等感」であり、第二章は「差別と偏見」である。

先に触れたが、わが大和民族のからだに染み込んだ欧米幻想を吹き飛ばす起爆剤のような本もこのころからぽつぽつ現れはじめる。鯖田豊之の『肉食の思想』（中公新書、一九六六年）は、欧米の人間関係の過酷さをわれわれの眼前に突きつける。「わが国の村落共同体的人間関係はうんざりだ、欧米ではもっと個人を尊重し、人間関係は自由な個人と個人との関係なのだ」というネゴトをほざいている輩は、この本を熟読すべきである。

ヨーロッパの都市は個人の自由を最も認めなかった場所である。そこでは、決定はすべて全員一致であった。というのは、反対者は牢屋に入れて、賛成するまで出してもらえなかったから。人々は他人に対しておせっかいで、自分の思うとおりに他人を変えようと待ち構えている。これほどまでに個人に干渉するからこそ、ヨーロッパの都市は、あれほど統一的な美観が保たれてきたのである。これに反して、個人の自由をいたるところで認めているからこそ、わが国の都市はこれほどまでに猥雑で醜悪なのである。このことをよく考えてみる必要があろう。

西尾幹二の『ヨーロッパ像の転換』（新潮選書、一九六九年）と先に挙げた『ヨーロッパの個人主義』（講談社現代新書、一九六九年）は、凋落傾向を示しながらも「ヨーロッパ中心主義」を捨てきれないヨーロッパ人と経済大国としてのし上がってきながらも依然として「ヨーロッパ幻想」を抱きつづける日本人に対する批判の書であり、『アーロン収容所』の直系と言っていい。

一九七〇年代

私は、一九七二年にはじめてヨーロッパを訪れたが、ドイツの小都市を歩いていると、「あなたは中国人ですか？」と言われたりした。一九六〇年代までは「日本には自動車があるのか」とか「日本は中国の一部か？」とか「日本の女は纏足《てんそく》をしているのか？」といった質問に唖然とさせられたという体験談があったが、このころから消えたように思う。

次の三点は、この時期の日本人論の典型的な書である。

- イザヤ・ベンダサン（山本七平）『日本人とユダヤ人』、山本書店、一九七〇年
- 土居健郎『「甘え」の構造』、弘文堂、一九七一年
- 深田祐介『新西洋事情』、北洋社、一九七五年

『日本人とユダヤ人』は、山本七平の処女作であるが、その当時はイザヤ・ベンダサンははたして山本七平か否かという真剣な議論があった。さて、この書の中で、山本はユダヤ人という衣をかぶって、日本社会をすっぽり覆っている強大な「日本

教」について語りつづける。

しかし日本教という宗教は厳として存在する。これは世界で最も強固な宗教である。というのは、その信徒自身すら自覚しえぬまでに完全に浸透しきっているからである。日本教徒を他宗教に改宗させることが可能だなどと考える人間がいたら、まさに正気の沙汰ではない。

『「甘え」の構造』も、「甘え」という欧米語に翻訳できない言葉を頼りに、日本社会特有の精神構造を分析したものとして、高い評価を受けた。

急増した欧米転勤のサラリーマンたちに向けて、当時は欧米で恥をかかないための指南書が巷にあふれていた。欧米のホテルではパジャマ姿で廊下を歩いてはならないとか、スープは音を立ててすすってはならないとか、男性は女性が席に着くときには席を立たねばならないとか、……こうしたマナーコンプレックスを「克服」するための欧米生活体験者による大真面目なアドヴァイスが、大量に出回っていた。

『新西洋事情』はそんな低次元のものではないが、やはりメイドの扱い方とか、不動産屋との賭け引きとか、欧米生活についてまわる問題を、軽妙洒脱な語り口で解き明かす。次のくだりなど読むと、これくらいの「寛大さ」に裏打ちされていなければこうは書けないなあ、という感が強い。日本人と結婚したドイツ人の奥さんの話。

……経済大国の表看板から想像していたのとは裏腹に東京の住宅の九割が西洋水準に照してスラム街のそれであること、人間が多くてしかも礼儀作法の心得がなく、躰《からだ》をぶっつけ、足を踏んでも絶対に謝罪しないことなど、少々耳の痛い話をしかし天衣無縫の明るさで、いかにもおもしろそうに彼女は語ったものです。

日航に勤務し、欧米生活体験豊かな著者ならではのことであるが、いま読んでみると、やはり欧米勤務がエリートであったころの話であり、突如海外勤務になって「エリートらしくせねば」と苦しむ日本国庶民に向けた指南書という印象である。

この時代、日本の企業は、世界中で恥も外聞もなく、日本商品を売りまくりはじめた。鳥羽欽一郎の『二つの顔の日本人』（中公新書、一九七三年）は、日本人のアジア人に対する尊大な態度と、欧米人に対する卑下した態度のコントラストを問題にしたものであり、「醜い日本人論」の始まりの本と言えよう。

先に『「甘え」の構造』を挙げたので、それと並ぶものとして木村敏の『人と人との間』（弘文堂、一九七二年）と河合隼雄の『母性社会日本の病理』（中公叢書、一九七六年）を挙げておく。『日本人とユダヤ人』もそうであるが、彼らは専門の精神病理学や心理学を駆使して、欧米社会からの日本社会のズレをさまざまな切り口で見せてくれる。こうした方法による当然の帰結であるが、それなりに注意はしているのだが、やはり標準である欧米社会からずれている日本社会は病的である、と宣告しがちになる。

これが昂じると、ヨーロッパのものさしで日本社会をことごとく測定し批判するようになる。荒木博之の『日本人の行動様式』（講談社現代新書、一九七三年）や、加藤秀俊の『日本人の周辺』（講談社現代新書、一九七五年）や湯浅慎一の『不思議な国の不思議な文化』（太陽出版、一九七八年）はこのグループに入る。欧米人の眼で「村社会」「没個性的」「猿まね」等々のキーワードを駆使して、日本社会を読み解いていこうという手法である。

とくに、『不思議な国の不思議な文化』は、長期ドイツ滞在を終えて、ドイツ人妻を連れて帰国した著者の眼に映った「不思議な」祖国を描いている。彼は「東京の街並みの醜悪さや騒音に生理的悪感をもよおしたり、人びとの足を引きずる歩きざまや、いつも口を少しあけている女性群などに強い違和感を覚えた」。そうした「日本部落」から来た人々がヨーロッパで「奇抜ではしたない集団行動」をとるのだからたまったものではない、と続く。こうした底の浅い日本文化批判は、残念ながらあとを絶たない。

次に、地味な本であるが、池田摩耶子の『日本語再発見』（三省堂新書、一九七三年）を挙げておく。アメリカで長年日本文学を教えてきた筆者の苦労話が中心である。例えば、川端康成の『山の音』の一節「八月の十日前だが、虫が鳴いている」をアメリカの学生にわからせるのにどれほど大変かという類の話が満載されている。「八月の十日前」という季節感がわからない。「虫が鳴く」という現象がわからない。「……だが」という逆説のつながりがわからない。つまり何もかもわからないそうだ。なかなかおもしろいのだが、アメリカ人にわかってもらうようにわれわれは最大の努力をすべきだ、という点のみ強調されていて、アメリカ人ももっと想像力をたくましくして異国の文化を学ぶべきだという視点が欠如しているのが（当時の時代状況を考えればよくわかるのだが）やや不満である。

イギリス崇拝は、フランス崇拝と並んで歴史が古いが、この時期、経済大国として日の出の勢いの日本と落日の影の濃い大英帝国（の末裔）とを比較して、いまこそわれわれはイギリスから数々のことを学ぶべきであるという論調の本が多かった。その典型はロンドン大学教授の森嶋通夫の『イギリスと日本』（岩波新書、一九七七年）と『続　イギリスと日本』（岩波新書、一九七八年）である。また、いかにイギリスのインド支配がおおかたのイギリス人にとって「後ろめたく」なかったかを示すものとして、吉岡昭彦の『インドとイギリス』（岩波新書、一九七五年）がある。先に触れた『アーロン収容所』の系列に属するものであろう。

同じ時期にイギリスに渡り、「イギリス病」がささやかれていたころのイギリス社会に広く眼を向けた木村治美の『黄昏のロンドンから』（PHP研究所、一九七六年）も好評を博した。それにしても、木村さんはロンドンで全裸の男女が踊りまくる「オー！　カルカッタ！」を観たときの様子を何であんなに微に入り細を穿《うが》って報告しているんだろう？

ダグラス・ラミスの『イデオロギーとしての英会話』（晶文社、一九七六年）は、（本書第一章でも挙げたが）英語帝国主義問題の先鞭をつけたと言える書である。

山本七平の『「空気」の研究』（文藝春秋、一九七七年）は、この時期に出たきわめて鋭い日本社会論。山本によれば「非常に強固でほぼ絶対的な支配力をもつ『判断の基準』」である特殊な「空気」が、夏の高気圧のように日本全土をすっぽり覆っている。鋭い分析ではあるが、総じて日本社会を欧米社会との比較によって否定的にとらえている『菊と刀』系列の本である。

ここで、岸田秀の「ペリーショック論」を挙げておこう。彼は『ものぐさ精神分析』（青土社、一九七七年）を嚆矢《こうし》とする一連の著作において、幕末の開国とは、欧米（男）が日本（女）を強姦したものであり、それゆえ日本（女）は欧米（男）に対して異常に卑屈な態度を取りつづけている、と分析している。

この時期の総合的な研究の成果としては、浜口恵俊の『「日本らしさ」の再発見』（日本経済新聞社、一九七七年）がある。本書も「学問的報告」という域を出ないが、たまたま一九九九年にウィーン大学のヤパノロギーに来たときの英語公演も聴いたが、あまりおもしろくなかった。

この時期、欧米留学記も数々ある。欧米の大学留学は、まだ一握りのエリートだけに許されたものであり、エリート独特の気負いと屈辱感が描かれている。まず、私と同年齢で同じ時期に東大の教養学科に在籍していた大久保喬樹の『クリュニーの天使』（小沢書店、一九七五年）と『パリの静かな時』（北洋社、一九七四年）を挙げよう。これは、辻邦生（『パリの手記』全五巻、河出書房新社、一九七三〜

七四年）さらには森有正の日記（『森有正エッセー集成1〜5』ちくま学芸文庫、一九九九年）の直系に属し、パリで毎日いや時々刻々と「ヨーロッパとは何か？」を考えながら、日本とヨーロッパの絶対的隔絶に悩むという、特異なタイプの──「フランス病患者的」と言ったら失礼だが──パリ生活を描いている。

森は一九五〇年（そのままパリに滞在し一九七六年にパリで客死）、辻は一九五七〜六一年の渡欧であるから、大久保よりかなり時期的には早いが、心象風景は恐ろしいほど似ている。日付けだけを変えて、三者の日記を取り替えても区別がつかないほどである。遠藤周作の『留学』（新潮文庫、一九六八年）も、少し肌触りは異なるが、同じ系列と言っていいかもしれない。遠藤は森と同じ一九五〇年にフランスに渡り一九五三年まで滞在したが、痛いほど「白い人」と「黄色い人」のあいだのギャップを、日本の仏文研究者たちの贋物性を自覚するようになる。

阿部良雄の『若いヨーロッパ』（中公文庫、一九七九年）は、辻とほぼ同じ時期（一九五八〜六一年）に、パリに学んだ記録である。辻が四等船客として一ヵ月かけてマルセイユに着き、パリでも来る日も来る日も金の心配と将来の不安にさいなまれていたのに対して、阿部は大久保と同じくエコールノルマルというエリート校の宿舎に滞在し、さしあたり金の心配からも将来の不安からも解放されていた。大久保の留学記がかなり自己陶酔的であるのに対して記述は冷静であるが、表層を一皮めくると、パリで学ぶ自分を「猿芝居」だと断ずることでようやくバランスを保っているさらに深刻なコンプレックスが読み取れる。

同じ時期のアメリカ留学記（一九七二〜七五年）としては、藤原正彦の『若き数学者のアメリカ』（新潮社、一九七七年）があるが、はるかに肩の力を抜いている。後にコロラド大学助教授に招聘されるほど筆者に実力があったからでもあるが、やはりフランス文学研究のためにフランスに留学することと、数学研究のためにアメリカに渡ることにおける「文化」の重みの違いが大きいであろう。一五〇〇人の学生によるストリーキングの場面など、時代を感じさせる。

もっと若い世代の留学体験記もある。三宅真奈美の『ドイツの教室ひとりぼっち』（かんき出版、一九七八年）は、絶対に謝らない子とか、「先生の授業はつまらないのです」と堂々と宣言する子とか、自分の成績を先生に抗議する子など、ドイツのギムナジウムでの異文化体験（一九七四〜七五年）をいきいきと報告している。

一九八〇年代

私は一九七九年十月から一九八四年三月までの四年半のあいだウィーンに滞在し

たが、そのころはまだ、わが国民は統計上ヨーロッパ主要国よりはるかに貧しかった。当時、まだわが国の国民一人当たりの所得はドイツやフランスに及ばないことは当然、オーストリアにも及ばなかった。国民一人当たりの所得がドイツやフランスと肩を並べたのは、一九九〇年代に入ってからのことである。それでいて、わが国の経済発展に対する脅威と敵意だけがヨーロッパを支配していて、成りあがり者の日本および日本人を高みから意地悪く揶揄する風潮が強かった。

そのころのウィーンでの日本人たちの「生態」は、こうした成りあがり者の居心地の悪さ、という視点から一番よく見えてくる。同じ村から出てきた者が、東京のど真ん中でお互い厳しく検査し合い、恥をかかないように細心の注意を払うという態度に近いものがあった。ヨーロッパとは、まだ多くの国民にとって、美や豊かさの象徴であり、絶対的権威に近いものであった。

そのころ出た日本人論は、高級クラブにやっと入会を許可されたものの、古参の会員から物笑いの対象にならないための指南書という風味のものが多い。だが、こちらが懸命にがんばればがんばるほど、相手はおいそれとは仲間入りさせてくれない。あらゆる差別をなくす運動が市民権を得はじめたときのように、かつての差別者（欧米人）はかつての被差別者（日本人）をしかたなく対等に見るが、つい油断するとホンネが出てしまう、という肌触りであった。

そのころは、新聞のコラムや漫画なども、欧米人の中で内心汗水たらしながらいかにも自然そうに振舞っている日本人の滑稽さを射貫くような自嘲的なものが多く、おおかたの日本人が事実上の欧米上位を認めていたように思う。

私がウィーンから帰国した一九八四年から『ウィーン愛憎』を刊行した一九九〇年にかけては、日本人論が最後の光彩を放った時期ではないかと思われる。それにしても、帰国当時は欧米を持ち上げわが国をこき下ろす本が巷に氾濫しているのを見て、異様な感じがした。

先に紹介した湯浅慎一は、次の著作『ラインからきた妻と息子』（中公文庫、一九八八年）でも祖国のすべてに対する違和感を語りつづける。同じように、長くニューヨークに住んでいた千葉敦子にとって、祖国での風俗習慣すべてが「ちょっとおかしい」ものであった（『ちょっとおかしいぞ、日本人』新潮社、一九八五年）。お辞儀もおかしければ、うなずくのもおかしく、「がんばって！」と励ますのもおかしければ、スリッパもおかしく、ひとを助けないのもおかしければ、夫婦茶碗の女用が小さいこともおかしい。この「おかしさ」は、彼女がアメリカでちょうどフェミニズムを潜り抜けてきたことにもよるだろう。

犬養道子は、エコノミックアニマルとして欧米諸国さらにはアジア諸国から嫌われていたこの時期の日本人批判の旗手である。本書の第一章でも批判的に取り上げたが、その日本人批判は、欧米の（広い意味での）マナーの絶対的正しさに裏打ちされている。『アウトサイダーからの手紙』（中央公論社、一九八三年）や『日本人が外に出るとき』（中央公論社、一九八六年）などがあるが、そのヒステリックなヨーロッパ中心主義は、いま読んでみると、異様ですらある。

直塚玲子の『欧米人が沈黙するとき』（大修館書店、一九八〇年）もこの系列に入る。タイトルからもわかるとおり、自分が悪くないのに「すみません」と言うとか、奥さんが会社に電話して、「主人がお世話になっています」と言うとか、欧米人が声も出なくなるほど変な日本人の言動を集めたものである。

在日フランス人を称するポール・ボネの『不思議の国ニッポン』（ダイヤモンド社の雑誌『週刊ダイヤモンド』に連載、角川文庫、一九八二～九六年）は二一巻もある。いまや周知の日本および日本人の生態を丹念に記録したもの。ほんのり悪意が漂うが「臭み」はなく、ほとんどの内容は日本人も賛同できると思うが、だからこそおもしろ味も少ない。

『こんにちは、ニッポン。』（ＰＨＰ研究所、一九八九年）は、一風変わった仕立ての本である。著者はアントワーネット・マリー・デュボワというフランス人のお嬢さんとなっているが、じつは日本人の六〇代の男。しかも物理学者。前の大学のときの同僚で、だから本人を知っているが、架空のパリジェンヌとは縁もゆかりもないような「ごっついオヤジ」といった雰囲気である。彼はこうした演出によって何をたくらんでいたのか、いまだによくわからない。

クラウス・シュペネマンの『男の子の躾《しつ》け方』（カッパ・ホームス、一九八〇年）は、私がウィーンから帰ってきたとき、書店に平積みにされていたもので、さっそく購入したが、著者の「ドイツすべてよし、日本すべて悪し」の内容に驚いた。一部挙げてみる。

息子が家の手伝いをしたという作文を書いて先生に褒められると、友達に「君は将来パパになるんだろ。ママになるわけではないだろ」と揶揄され、手伝いをしなくなったという話の次に、

それを聞いて、私たちはしばし、呆然としてしまった。そして思案の末、「だって、おまえは日本式パパになるつもりなら、それでいいよ。でもドイツパパは、それでは駄目だ。それに、これからは、もっと男も女も助け合ってい

かなければならない世の中になる。そんな友だちみたいなことを言っていたら、きっとやっていけなくなるよ。」と指摘してやった。

日本の道徳教育が西ドイツの宗教教育に比べて、もの足りないのは、その相対的な道徳観であって、絶対的価値が存在しないことである。ドイツ人は、この見えざる絶対価値の前に、「他人の目」があるなしにかかわらず、自分のよいと思ったことをやりとげる。

それに対して、日本では、〝誰かが見ているからやる〟とか〝誰も見ていないからやらない〟という側面が出てきてしまう。

……こういう考え方がつもりつもって、今日のような環境汚染や、その他の公害をまき起こしたのにちがいない。

すべてこの色調にまとめられている。なかには、はなはだしい事実誤認に基づいた推論もある。

私が日本に来てまず気づいたのは、ヨーロッパのどこのトイレにも見られないような、非常にえげつない落書きがあることである。これは公衆便所ばかりでなく、大学のトイレにも見られる現象である。

それから、昨年ドイツから帰ってきて、この下鴨周辺、特に糺《ただす》ノ森付近に、ほとんど毎日のように痴漢がでるということを聞いた。

……これは、性の問題を真面目に取り合わず、お茶を濁したり、ぼかしたり、ごまかしたりして、臭い物にふたをしてきた大人世界への反動が、現象として顕在化したのであろう。

ウィーンの公衆便所やウィーン大学のトイレの落書きはすさまじいものである。パリの地下鉄のトイレでも「非常にえげつない」落書きを見たことがある。ウィーンの新聞やテレビを見れば、ヨーロッパ中で同じような、あるいは一層むごたらしい痴漢事件が発生していることを報道している。ある一点だけを取り上げて、しかもそれは日本固有の事実ではないのだが、すべて日本の弱点から説明してしまうという態度は、偏見以外の何ものでもない。

彼が、息子たちの通う小学校のＰＴＡ会長であるということを考慮すると、こうした偏見発言はさらに問題であると思う。私はシュペネマン氏に抗議の長い手紙を書いたが、返事はなかった。

このころ、外国に長期滞在する日本人も多くなり、稲村博の『日本人の海外不適応』（NHKブックス、一九八〇年）は、標題に示すごとく、激増する海外不適応現象を丁寧に説明した後、その予防、対策、治療の方法を解き明かす。

山本七平と岸田秀の対談『日本人と「日本病」について』（文藝春秋、一九八〇年）は、なぜ日本人が「病気」であるのか、その原因を明快に示してくれる。それは、何より先の戦争に負けたからである。敗戦に至る戦争遂行の仕方には日本式のすべてが凝縮されている。それがいかにも欧米人の眼には、奇異で不合理に、つまり「病的に」映るというわけである。『菊と刀』の直系の本と言えよう。

この時期の総論的な日本人論としては杉本良夫およびR・マオアの『日本人は「日本的」か』（東洋経済新報社、一九八二年。のち『日本人論の方程式』と改題し、ちくま学芸文庫）や南博の『日本的自我』（岩波新書、一九八三年）や加藤周一・木下順二・丸山真男の『日本文化のかくれた形』（岩波書店、一九八四年）などがある。

李御寧の『「縮み」志向の日本人』（講談社文庫、一九八四年）は隣国韓国から見た日本および日本人論として出色のもの。タイトルにあるように、なぜか大陸の文物が朝鮮半島を経て日本に渡ると、すべて「縮んで」しまう、という。

黒岩徹の『豊かなイギリス人』（中公新書、一九八四年）は、先に挙げた衰えゆくイギリスを絶賛する本の系列に属する。数値の上ではわが国はイギリスを追い越したと思っているかもしれないが、とんでもない。その生活の「豊かさ」にはとうてい追いつけるものではない、という図式が繰り返される。

「憧れの」欧米社会の実態はこんなに悲惨なものだという報告もちらほらある（私の『ウィーン愛憎』もじつはこの系列）。長沼秀世の『ニューヨークの憂鬱』（中公新書、一九八五年）は、強盗の多発、能率の悪さ、教育における「何がなんでも英語」等々を報告しているが、「アメリカ幻想」なんかとっくの昔に吹き飛んだわが国民にとって、あたりまえのことばかりである。

なお、そんな表層報告ではなく、もっと深くアメリカ社会に入り込んで、からだごとぶつかっていったものとして、米谷ふみ子の一連の著作は単なる比較文化ではなく人間のあり方を問いかける。戦後アメリカに渡り、ユダヤ人の脚本家と結婚し、二人の男の子を授かったが次男は自閉症。アメリカ社会におけるアジア人差別、ユダヤ人の親戚からの差別、障害者差別という幾重の差別を経て、彼女はたくましく生きていく。本書の第一章でいくぶん批判的に彼女の新聞記事を取り上げたが、それは彼女の一部であって、私も何度か会ったが、その虚飾のないライフスタイルはすばらしいものだと思う。ここでは、『過越しの祭』（新潮社、一九八五年）と『タンブルウィード』（新潮社、一九八六年）を挙げておく。いずれも過酷な体験記であるが、著者の人柄が滲み出たような独特の明るさがある。

英語帝国主義に関する本は、細々としかし確実に刊行されている。H・パッシンの『英語化する日本社会』（サイマル出版会、一九八二年）は、（本書の第一章でも取り上げたが）平安時代に当時の日本人が漢字を日本語化して仮名を発明したように、現代日本人は英語を日本語化して取り入れているという。これを逆に言えば、日本社会は英語化しているわけである。みずから英語学者として、鈴木孝夫は英語帝国主義に対する警鐘を鳴らしつづけている。これに関するおびただしい数の鈴木の著作があるが、『武器としてのことば』（新潮選書、一九八五年）が一番よくまとまっている。そのほか、『ことばの社会学』（新潮社、一九八七年）など。

いわゆる帰国子女が増えてきたのもこの時期で、帰国子女受け入れに消極的な日本社会を批判するものが目立つ。本書の第一章でも取り上げたが、副題に「海外帰国子女は現代の棄て児か」とある大沢周子の『たったひとつの青い空』（文藝春秋、一九八六年）が、その典型であろう。ほかに永家光子の『星条旗と日の丸』（太郎次郎社、一九八七年）や、アメリカでのいじめを克明に紹介したカニングハム久子の『海外子女教育事情』（新潮選書、一九八八年）などがある。

みずからミュンヘンのシュタイナー学校に（いやいやながら）入らされ、その後ギムナジウムに進学した子安ふみの『私のミュンヘン日記』（中公新書、一九八六年）はのびのびとした筆致が快いロングセラーである。その親の子安美知子による『ミュンヘンの小学生』（中公新書、一九七五年）とともに読むと、文化摩擦と親子摩擦の連関がよくわかる。

一九九〇年代

一九九〇年代に入ると、ずいぶん日本人論も落ち着いてくる。この時期に戦後の日本人論を総轄する書が出ていることは、このことを象徴している。青木保の『「日本文化論」の変容』（中央公論社、一九九〇年）は、『菊と刀』から、一九八〇年代までの日本人論の変遷を丹念にたどっている。

この時代に至って、依然として、欧米すべてよし、日本すべて駄目という二項対立の書が幅を利かせているが、それも次第に消えていく。この時期のそうした「欧米崇拝本」の代表的著者としてはマークス寿子がいる。『大人の国イギリスと子どもの国日本』（草思社、一九九二年）や、『英国貴族と侍日本』（池田雅之と共著、ＰＨ

P研究所、一九九三年）などは、なぜかよく売れた。彼女が新興イギリス貴族と結婚したからかもしれない。本書第一章でも取り上げたキャスリーン・マクロンの『イギリス人の日本人観』（草思社、一九九〇年）も同じスタンスである。

そして、こうした系列の最後を飾るのは、K・W・ウォルフレンの『人間を幸福にしない日本というシステム』（毎日新聞社、一九九四年）であろう。これは、ジャパン・プロブレムという欧米各国による「日本叩き」すなわち一種のいじめへと凝縮していく時期に重なる。日本叩きについては膨大な本が出回ったが、九〇年代に入る少し前に、石原慎太郎と盛田昭夫による『「NO」と言える日本』（カッパ・ホームス、一九八九年）が評判になった。いまでも手に入りやすいものとして、中谷巖の『ジャパン・プロブレムの原点』（講談社現代新書、一九九〇年）と奥井智之の『日本問題』（中公新書、一九九四年）がある。

日本叩きが激しかったころ出た池田雅之の『イギリス人の日本観』（河合出版、一九九〇年）は、著者がイギリス人知日家一五人にインタビューしたもの。最後に「『アーロン収容所』をめぐって」という一章があり、その英訳を手がけたルイ・アレンはロンドン大学教員の「若き哲学者」石黒英子から『アーロン収容所』を見せられたいきさつを紹介している。のちに帰国して慶應義塾大学教授になった石黒さんとは何度かお話をしたが、私の『ウィーン愛憎』には否定的であった。なお、この翻訳は売れなかったそうである。最後に、会田雄次が「日本叩きとイギリスの人種主義」という論文でアレンに反論しイギリス人の傲慢さと日本人の卑屈さを再確認しているが、議論がかみ合っているとは思えない。

この時期、帰国子女問題も一般化した。私の『ウィーン愛憎』と一緒に発売された宮智宗七の『帰国子女』（中公新書、一九九〇年）はこの問題に関する総括的な文献である。ただし、本書も、帰国子女もののご多分に洩れず、彼らが祖国に帰ってきて、いかに過酷な体験をしたかという側面の紹介ばかりである。だが、逆に欧米で日々いかに苦しい思いをしたか、帰国していかに心が安らいだか、という子供たちも多数いること（うちの息子もその一人）を明記しておく。

英語帝国主義批判を、これまで以上に鮮明に打ち出したものとして、本書の第一章で何度も紹介した津田幸男の『英語支配の構造』（第三書館、一九九〇年）を挙げねばならない。これに共振するかのように、大石俊一の『「英語」イデオロギーを問う』（開文社出版、一九九〇年）も同年しかもほぼ同時（一二月）に刊行された。

自分のことばかり言って恐縮であるが、津田さんが同じ年の一月に刊行された『ウィーン愛憎』を読んで、自分と同じ「体質」を感じ取ったということ。彼によれば、この三冊が同時に刊行された一九九〇年が「英語帝国主義批判元年」なのだそうだ（誰も信じないことだけれど、少なくとも私の『ウィーン愛憎』は関係ないと思うのだが）。

ほかに、先に紹介した鈴木孝夫の講演や口述をまとめたものとして、『日本語は国際語になりうるか』（講談社学術文庫、一九九五年）がある。

熊倉千之の『日本人の表現力と個性』（中公新書、一九九〇年）は、それほど評判にならなかったが、視線の動きなど、欧米人と日本人の細かい差異が説得的に論じられていて、啓発的である。

私と同年代の俊才である（私が東大の哲学科大学院生であったときに助手であった）長谷川三千子の『からごころ』（中公叢書、一九八六年）は、軽薄な欧米追随の姿勢一般に対する腰の据わった保守主義からの批判書。どうも、何度読んでも五〇年くらい前に出た本のような気がする。その旧仮名表記ばかりではなく、発言の姿勢が丸山真男とか清水幾太郎とかの古典的教養人のタイプに近いのである。

私がウィーンから帰国して駒場（東大教養学部社会科学科）の助手になったときに、まだ在職していた社会科学科の三羽烏、村上泰亮・公文俊平・佐藤誠三郎による『文明としてのイエ社会』（中央公論社、一九七九年）は日本研究の古典と言っていい（だからここでは省いた）が、その弟子筋からもこのころ成果が出はじめた。例えば、平山朝治の『「日本らしさ」の地層学』（状況出版、一九九三年）や『イエ社会と個人主義』（日本経済新聞社、一九九五年）など。蛇足であるが、平山君は私が助手のとき大学院生であり、後に同僚（助手）になった俊才で、私が書いた最初の書評は彼が学生時代に出版した『社会科学を超えて』（啓明社、一九八四年）についてであった（東大新聞）。

このころ、パリはだいぶ色あせて、猫も杓子もパリに出かけるようになったが、その一部はフランスやパリにからめ取られ、フランスコンプレックス、パリコンプレックスを抱いたままいじけた生涯を送っていた（いる？）。太田博昭の『パリ症候群』（トラベルジャーナル、一九九一年）はその症状分析の研究。

依然として、ヨーロッパの尺度で祖国を叩く本はあとを絶たないが、この時期になるとずいぶん影が薄くなる。ここでは、神崎宣武の『物見遊山と日本人』（講談社現代新書、一九九一年）と杉本良夫の『日本人をやめる方法』（ちくま文庫、一九九三年）を挙げておく。

こうしたなかにあって、立石俊一（彼にも一度会ったことがある）の『日本人とアフリカ人』（ＰＨＰ研究所、一九九四年）は異色の本である。かつての英領ガーナでは、自分たちは東洋人よりはるかに美しくはるかに文明開化していると信じている、とのこと。

一九九〇年代も後半に入ると、力のある（くせのある?）日本人論がめっきり少なくなる。おとなしい学者の分析としては、先にも紹介した濱口恵俊編の『日本文化は異質か』（ＮＨＫブックス、一九九六年）や後に英語帝国主義の研究会で一緒になった吉野耕作の『文化ナショナリズムの社会学』（名古屋大学出版会、一九九七年）がある。「日本人病気説」としては、芝伸太郎の『日本人という鬱病』（人文書院、一九九九年）や大野裕の『弱体化する生物、日本人』（講談社、一九九九年）などがあるが、いまひとつインパクトに欠ける。もはや、そう言われても誰もそのことで卑下しないからであろう。若い人にこう言っても、平然と、「欧米だって病気でしょう?」という返事が予想される。

こんな風潮にあって、ヒットを飛ばしたのは、『イギリスはおいしい』（平凡社、一九九一年）に始まる一連の林望の「イギリスもの」（『イギリスは愉快だ』平凡社、一九九一年、『イギリスはかしこい』ＰＨＰ研究所、一九九七年、『イギリスは不思議だ』平凡社、一九九七年など）である。欧米コンプレックスが薄らいだ（ほとんどなくなった）日本人の欧米および欧米人との付き合い方を示している。もはや、彼にとって「イギリス」はコンプレックスの対象でもなければ、落ち着いた豊かな生活のモデルといったセンチメンタルな共感の対象でもない。ただ、ひたすら「好き」なだけなのだ。日本文化に対する自然な自信と欧米文化に対する自然な尊敬が溶け合って、一種の余裕を感じさせる。この本をもって、欧米コンプレックスは解消されたと言えるかもしれない。

日本人論の衰退

以上、戦後の日本人論の文献をざっとたどってみたが、われわれ日本人が欧米人に対して徐々にだが確実にコンプレックスから脱出していく過程、言いかえれば自信を取り戻していく過程が鮮やかに示されていると思う。いつも欧米人の評価を気にして、彼らの眼を通してでなければみずからの位置を測れないというさもしい姿勢がしだいに消えていったように思う。かつて「日本人とは日本人論に興味をもつ民族のことである」とまで言われたが、いまやそれが成立しなくなった。欧米コンプレックスからの脱出、それは現代日本人があまり日本人論を読まなくなったことのうちに一番はっきり示されているのかもしれない。

3　豊かな国の若者たち

日本と欧米の表層を比較する

日本は豊かになった。このことは、あらゆる統計上も明らかであるが、ここ数十年わが国と欧米とのあいだを往復していれば、おのずと実感されることである。年ごとに、わが国が（あらゆる面で）上昇し、相対的に欧米各国が（あらゆる面で）沈下していくことが手に取るようによくわかる。それは、単なる統計指標の上でのことではなく、肌触りとして感ずることである。

一九七二年にジュネーヴを訪れたとき、あまりの清潔さに息を呑む思いであった。だが、この前再訪したとき、その不潔さに驚いた。この印象は、ヨーロッパのどの街に関しても同じである。

かつて「欧米の街にはゴミ一つ落ちていないのだそうだ」と聞き、そんなことあるものか、と思ったが、実際見てみるとそのとおりだったので驚いた。だが、いまやまったく逆に、欧米の観光客が日本の街の清潔さに驚いているのである。日本の街はこの三〇年間で奇跡的なほど清潔になった。そして、同じ三〇年のあいだに、ヨーロッパの街はずいぶん不潔になった。

東京や横浜の繁華街は、たしかに猥雑な面もあるが、同時にきわめてファッショナブルであることはまちがいない。六本木、お台場、汐留あるいはみなとみらいをはじめ、日本の新しい都市空間は次々にセンスのいいものに生まれ変わっていく。それに慣れた眼でヨーロッパの新しい都市空間を眺めても、感動することはまずない。東京の新しいカフェやレストランやホテルは、ウィーンやパリやローマの新しいカフェやレストランやホテルよりずっとセンスがいいからである。

それに加えて、一般にヨーロッパの街で見かける人々の服装は（ごく一部のモデルのような人々を除けば）なんでこうまでと思うほど質素である。中心街に出ても、そこを通る人々はとりたてて着飾った感じもなく、華やかさもない。冬は野暮ったいジャンパーの群れであり、夏は安直なTシャツやジーンズの群れである。とくに、大またで闊歩する若者たちの態度は、がさつで粗野で野蛮ですらある。

こうして、現代日本の若者たちがヨーロッパの街を訪れ、先入見を廃して虚心坦懐に観察するならば、「肩身の狭い思い」をすることはほとんどないであろう。ウィーンで出会う彼らの多くは——これはあくまでも私の個人的印象であるが——まざまざとヨーロッパのマイナス面を見せつけられながら、「軽蔑してはいけないのだ」と心に言い聞かせているようにさえ見える。ひところ、日本じゅういたるところで見られた欧米人の「寛大な」態度に似たもの、つまり彼らは欧米の猿まねをした銀座でも丸の内でも原宿でも思わず茶化したくなるが、それをぐっとこらえて「これでも日本人はがんばっているのだから、見下すのはかわいそうだ」と無理にでも思い込もうとするときに見せる配慮した態度に似たものを私は感じるのである(思い入れすぎかな?)。

日本のものをまるで卑下していない若者たち

木下惠介監督の映画に『お嬢さん乾杯!』(一九四九年)という青春物がある。原節子扮する東京山の手の「お嬢さん」に佐野周二扮する田舎の貧乏人のせがれが恋するという話。その中に、お嬢さんがピアノでショパンの幻想即興曲を弾いたあと、さあおまえも何かやれと言われて、しかたなく郷里土佐の「よさこい節」を歌うというシーンがある。

当時、ショパンと日本民謡は(価値的に)限りなく遠いところにあった。ショパンはあまりにも高いところにあり、日本民謡はあまりにも低いところにあったのだ。だが、いまやどうであろう。よさこい節のほうが幻想即興曲よりずっと「ナウい」と思う人も少なくないように思う。

私も、中学のころアイルランド民謡の「庭の千草」やスコットランド民謡の「故郷の空」やロシア民謡の「赤いサラファン」などを習ったとき、「これが民謡か！」と驚いた。炭坑節や黒田節と比べて、限りなく上品に見えたものである。

姉が友達のアメリカ人を連れて盆踊りに行ったあとで、

　ボブったら、まるで土人の踊りのようだって言うんだもの、おかしくって……

と笑いながら報告したが、そのころは「そうだろうなあ」と思い、怒りを覚えなかった。

私がウィーンに留学していたとき（一九七九〜八四年）でも、海苔巻きやいなり寿司や玉子焼きや漬物などの入った日本の弁当は欧米人には異様な感じを与えるから、欧米人が近くにいるときには食べないとか、焼き魚の臭いは強いから近所迷惑にならないように注意するとか、日本語の響きは汚いから車内やカフェでは小声でしゃべるとか、ずいぶん卑屈な「配慮」をしていた。

この三〇年のあいだに、少しずつ「欧米の文物は日本の文物より高級である」という呪縛が解けてきた。その結果として、現代日本の若者たちのすばらしい点は、自国の文化をまるで卑下していないことである。日本酒や焼酎のほうがワインやウイスキーより好きであっても、下品なわけではない。和食のほうが洋食より好きであっても後れているわけではない。おにぎりやお茶漬けが好きでも、恥ずかしくはない。

あたりまえじゃないか、と思われるかもしれないが、昔は違ったのである。コーヒーを飲みパンを食べるのが高級であり、緑茶を飲みご飯を食べるのは低級であると思い込んでいるおびただしい人々の群れがあった。とくにインテリは、ことごとく自国の文物を卑下していた。箸よりナイフとフォークのほうが、和室より洋間のほうが、日本酒よりワインのほうが高級だという固定観念にとらわれていた。先に紹介した安岡章太郎の『アメリカ感情旅行』より。

正直にいって私は子供のころからの習慣で西洋館は日本家屋より立派に見えるクセがある。絨毯の上にベッドを置いてくらす方が、畳にふとんをしいて寝るより高級なのだ、と何となく思いこんでもいるのである。

小津安二郎監督の映画に『お茶漬の味』（一九五二年）というのがある。（先に紹介した『お嬢さん乾杯！』に似ているが）木暮実千代扮する金持ちの娘と佐分利信扮する貧乏人のせがれとの、育ちの違いから来る結婚生活の行き違いを描いたもの。妻は亭主が夕食の最後にお茶漬けをかき込むことに、貧乏育ち丸出しで我慢がならない。紆余曲折を経て仲直りするきっかけは、お嬢さま育ちの妻がみずからお茶漬けを準備し、一緒に食べることによる。

いまの若者は、こう説明しても、とうてい実感として理解できないであろう。いまや、どんな令夫人でもお茶漬けは食べるだろうし、趣味のいいお茶漬けの店はいくらでもある。お茶漬けが社会階層を判別する機能を果たしていないのであるから。

現代日本の若者たちの健全さは、実際に欧米を訪れ、みずからの眼で見、肌で感じたことに基づいて判断していることである。そこには、虚栄も、戦略も、技巧もない。だから、素直にパリやウィーンの優れているところを褒められるのであり、耐え難いところをけなせるのである。パリやウィーンが好きであるといっても、ただ、横浜が好きなように、小樽が好きなように、好きなだけである。

自信に満ちた日本人たち

豊かな国とは、政治的あるいは経済的な指標によって示されるものではない。文化的なものによってですらない。それは、ひとりひとりの豊かな国民らしい自信に満ちた態度によって示される。しかも、個人がどんなにりきんでも駄目であり、他者（他国のもの）から「総体的に評価されること」によって成り立っているのだ。

いまや、ヨーロッパを旅してみればわかるが、「日本」の力を知らない者はいない。われわれは、充分すぎるほど彼らに――最も階層の低い庶民からも、子供たちからも――認知されている。しかも、その認知ははっきりとプラスのものである。これは、とても居心地がいいことである。ヨーロッパのどの空港でも、日本のパスポートを見せると、開けることもしないでOKとなるのが普通である。隣では、貧しいなりのアジア人が一〇分以上にわたって調べられている。異国で自分の国の名前を告げたところ、それがまったく未知であったり、マイナスのイメージで満たされているとしたら、悲しいことであろう。

「おれは欧米と並ぶ文明国から来たのだ！」と肩をいからせて訴えつづけていた私と同世代および私より前の世代の日本人たちは――その訴えがいかに正当であった

としても——下品であった。

汗水たらし不正の限りを尽くして商品を売りつづけ、エコノミックアニマルと嘲笑されながらも富を築いてきた人々は、まさにこうした行為によって下品であったが、その子供たちは、親が営々と築いてきた富と力をはじめからみずからの遺産として利用でき、親と同じ修羅場をくぐる必要がないゆえに上品なのだ。

これは、恐ろしく理不尽なことながらどこまでも真実である。現代日本の若者たちは、すでに全世界からプラスの評価をもって認知されているからこそ、ますますひとを信頼し自然で屈託のない態度、ひとことで言えば「育ちのいい」態度を示すことができ、その結果ますます愛されるように、尊敬されるようになるのである。

第三章

私の英語コンプレックスの変化

1 私は英語ができた

ちょっと変わった家庭環境

時代は英語コンプレックスが希薄化する方向に動いているが、私の英語コンプレックスを説明するためには、ちょっと普通ではないわが家の状況を説明しなければならない。父はカリフォルニア州の州都サクラメントで生まれ、七歳のときにはじめて祖国の土を踏んだ。ということはその父、すなわち私の祖父は、東京外国語学校のフランス語科を卒業後、結婚してすぐにクリスチャンだった祖母とアメリカ西部に渡ったのである。ちょうどゴールドラッシュのころで、人種差別も顕著で当初は相当苦労したらしいが、とにかく農園を経営するまでに至り、当時の日本人移民としては成功した。

帰国して、祖父は豊前(大分県)の先祖代々の封建的な庄屋の家に戻り、形式的な家長を務めながら何も働かなかった。父は普通のサラリーマンとして生涯を終えたが、隔世遺伝とでも言うのだろうか、姉は中学のころからアメリカや英語に夢中になり、学習院大学の英文科在学中にアメリカ系の教会に所属し、その教会の経営する大学に一年間留学し、卒業後すぐにリーダーズ・ダイジェスト社はじめ、さまざまなアメリカ企業の秘書を務めた（この前六〇歳で定年になった）。ずっと独身を貫き、教会活動にも熱心で、こうしたことから、友達の半数以上はアメリカ人であった。

彼女にとって、真・善・美の基準はアメリカである。アメリカ的家庭、アメリカ的人間関係、アメリカ的社会を理想化していた。それも、ある種の――例えばコネティカット州あたりに住む――保守的な成功したアメリカ人のイデオロギーに限定されていた。父は、こうした彼女の（皮相的な）アメリカ至上主義が嫌いであり、彼女の社交仲間からも一定の距離を保っていた。「英語は単なる手段だからな」と言い張って譲らなかった。

東北帝大工学部機械科を出た父は、戦後のどさくさのとき友人とディーゼルエンジンの会社を設立しようとして大失敗し、家族は路頭に迷う寸前のような生活を強いられた。そのころの貧乏を最も身に染みて感じていたのが姉であった。姉は、そのころ住んでいた川崎から世田谷の尾山台中学に「寄留」し、さらに都立桜町高校を経て学習院大学の英文科に入学した。そこで、桁違いの金持ちたちと付き合うようになる。思春期の彼女の体内で、アメリカと富あるいは社会的成功とが一つの理想的なものとして融合していったのであろう。

ミーハーの要素もあり、彼女は高校生のころアメリカのボーカル歌手に凝っていた。とくに好きだったのは、ポール・アンカであり、彼のヒット曲は「ダイアナ」「君はわが運命」「ロマンスの鐘は鳴る」「クレイジー・ラヴ」等々、SPでほぼすべてそろえていた。ドリス・デイの「ア・ベリィ・プレシャス・ラブ」やパット・ブーンの「砂に書いたラブ・レター」に「すてき！」と眼を輝かせていた。

一九六〇年当時の英会話教材

とにかく、姉は中学に入ってからずっと英語の勉強ばかりしていた。J・B・ハリスのラジオ番組「百万人の英語」を毎晩聴き、当時は珍しかった「ソノシート（紙製、後に合成樹脂製のレコード）」付きのさまざまな英会話教材を購入していた。「百万人の英語」の内容のかなりを私は憶えているが、終戦直後の強烈な臭いがある。例えば、次のような「勉強」があった。

アメリカ人に道を訪ねられたら、よく耳を澄まして日本の固有名詞を聞き取りましょう、彼らは「おおさか」を「おさけ」に近く発音するときがありますから、よくその違いを研究してください。では、私が言ってみます。「おさけ……おおさけ……おうさか……おさか」どうですか？　どれが「おおさか」か聞き取れましたか？

当時は、アメリカ人が勝手な発音をするのだから、そんなもの聞き取れなくてもいいとはつゆ思わなかったのである。中学生の私は、姉が購入した英会話の教材を片っ端から暗記していった。英会話の内容も時代を感じさせる。例えば（正確には憶えていないが）次のようなものがあった。

"Is that your boy friend on your desk, Fumiko?"
"Yes, funny looking, isn't he? But I love him."
"I can see why you love him. He will be much more handsome than now."
"Yes, he is still improving."
「ふみ子、机に飾ってあるの、あなたのボーイフレンド？」
「そうよ、変な顔に見えるでしょう？　でも好きなの」

「わかるわ、あなたが彼のこと好きだってこと。彼そのうちいまよりずっとハンサムになるでしょうね」
「ええ、いまだってよくなりつつあるんだから」

"Oh! How lovely you are in your kimono, Fumiko!"
"Thank you very much, Mrs. Brown."
"Fred, your eyes are shining like stars in the sky."
"Fumikosan, you look very pretty."
"Oh! Fred, you add 'san' only when I wear komono."
「まあ、ふみ子、着物を着るとなんてかわいいんでしょう!」
「ありがとうございます、ブラウン夫人」
「フレッド、おまえの眼は空の星のように輝いているわよ」
「ふみ子さん、とってもきれいだよ」
「まあいやだ、フレッドったら、私が着物を着ているときだけ『さん』を付けるんだから」

大人っぽいものもあった。キスの大げさな音とともに。

"How about that one?"
"It made me dizzy."
「いまのどうだった？」
「めまいがするほどよかったわ」

こういうのも丹念に憶えた。
ちなみに、私が中学生のときの英語の教科書は"Jack and Betty"であったが、そこに登場するのはアメリカ人だけ、しかも白人の中産階級だけであった。それでいて、英語が「国際語」とみなされていたのだから、今日から見たら滑稽である。
姉は大学も英文科を選び、サークル

LESSON **2** (Two)

ARBOR DAY

もESS(English Speaking Society)に入った。大学に入ってからもいつもいつも「英語が上手になりたい!」と叫んでいた。英語、それは彼女にとって、人生の成功を約束してくれる魔法のランプなのである。英語さえできれば、アメリカ人のようになれる。社会的に成功でき、金持ちになれる。一種のアメリカン・ドリームである。

彼女が大学時代に入信したキリスト教の宗派の本部はボストンにあり、アメリカ東部のイスタブリシュメントを背景にしたものであって、日本においても金持ちと上流階級の人士が多く、教会も彼女のアメリカン・ドリームを自然なかたちで支えてくれた。

私のアメリカコンプレックス

こうした環境にいて、私は姉の影響をまともに受け、思春期を通じてかなり病的なアメリカコンプレックスのうちにいた。アメリカ人のようになりたい、アメリカ人のような生活がしたい、それが私の夢だった。

小学生のころより、写真や図鑑で見るニューヨークの摩天楼に憧れていた。一〇歳の私は、エンパイアステートビル、クライスラービル、ウォルドルフ=アストリア・ホテルなどの名前と外形と高さなどを暗記していた。当時日本で一番高い建物は、国会議事堂と大阪城であった。ある図鑑には——さもしいことに——東京駅を真横にして、三〇〇メートル以上の世界の「高層建築」の一つに数えていた。

交通機関では、ディーゼルエンジンで動くアメリカの大陸横断列車「ロスアンジェルス号」は憧れの的であった。当時の東海道にはまだEF58型の「はと」や「つばめ」が東京—大阪を七時間以上かけて走っていた。当時暗記するくらい読んだ小学館の『交通の図鑑』（一九五六年）より。

東海道本線は全線電化されて鉄道もますますスピードアップされてきましたが、……急行旅客列車用のEF58型は日本の誇りです。……旧EF58型を改良してデッキをとってスマートになり、暖房用のボイラーも備えました。……時速一一〇キロメートル。

ということは、当時は神戸を越えるとまだ蒸気機関車だったのである。また、東京の街にまだオート三輪が走っていたころ、一九五七年型のフォードの新車「サンダーバード」やクライスラーの新車「ニューヨーカー」は、胸が熱くなるほどかっこよかった。

先に挙げたように、姉が買った英会話の教材は次から次に憶えていき、テレビドラマの『パパは何でも知っている』（日本テレビ、一九五八～六四年）のような、郊外（そこは「スプリングフィールド」という名なのだ）の中流階級の生活に憧れた。番組は「長女ベティ、長男バド、末っ子キャシー、パパは何でも知っている！」というセリフで幕が開く。女、男、女という順に三人の子供がいて、家族構成はうちとまったく同じである。しっかり者の長女も、消極的な長男も、甘ったれの末っ子も同じ。母がときどき一緒に見ると、決まって「うちと同じね。おまえバドみたいだし」と呟いたが、家族構成以外はなんと違っていたことであろう。

貧乏たらしいわが家と異なり、芝生が敷き詰められた前庭に広大な屋敷。キッチンには巨大な冷蔵庫があり、パパはハンサム、ママは美人。それも大幅にうちとは違う。この家の外でも、主婦たちはみな車で買い物に出かけ、学生たちは郊外のこぎれいなスナックで話し込んだり、ダンスパーティーに心をときめかせたり、週末のデートに余念がない。男の子は自分の車を運転して、きれいに化粧した女の子を誘う。何もかも自分の生活とじゃ天と地ほど違うのに、ずいぶん話が身近に感じられたのが不思議である。

中学生のときはずっと英語部に所属し、英語劇では髭をつけフロックコートを着て、リンカーンを演じたり、ボール紙で製作した大きな帽子をかぶってペリーを演じたりした。つまり、いつも主役を演じていたのである。

発音はあらゆる英語の先生に褒められた。私はちょっと帰国子女のようなところがあって、家で姉の所有するレコードやカセットを聴きまくっていたから、発音やイントネーションには自信があった。

二つの大事件

私の在学中、田舎中学（川崎中部の公立中学）に二つのアメリカにまつわる「大事件」が起こった。その一つは、アメリカの（たぶん横須賀基地の）海軍のブラスバンドがわが校を訪れたことである。海軍の制服を着てそれぞれ楽器を吹き鳴らしながら校庭を行進するのであるが、田舎の中学生の眼には天国から降りて来たかと思うような高級な人々に見えた。背が高くピンクの肌をしたカッコいい若者数十人が眼の前にいる。女生徒ばかりでなく、男子生徒も熱狂し、演奏が終わるとひとりひとりに「サインして！」としがみつき、ついには更衣室の窓まで開けて着替えの光景を覗く始末である。彼らが帰ったあとで、校長に「きみたちの態度が恥ずかしかった」と叱られたが、あのアメリカの若者たちもその後日本の下品な少年少女たちを思う存分せせら笑ったであろう。

もう一つ。当時、テレビで西部劇『ララミー牧場』（NET、一九六〇〜六三年）という人気番組があった。私が中学三年生のとき（一九六一年）その出演スターたちが当時武蔵小杉駅の近くにあったサントリー多摩川工場にやって来るという情報が授業中に流れた。信じられないことである。人気テレビ番組の出演者が、しかもあのかっこいいロバート・フラーが、わが中学から一キロしか離れていない「あの工場」に来るとは！　みんな授業中もそわそわしている。そのうち、先生の眼をちょろまかして教室を脱し、校庭の塀を乗り越えて学校から「脱走」する生徒たちが出てきた。若い男の先生たちが、脱走を防ぐために駆り出され、校庭を走る生徒や、塀を乗り越えようとする生徒を次々に「逮捕」する。先生に向かっていく男子生徒もいる。泣きじゃくる女生徒もいる。ついには、失神する少女まで現れたとか……。

私は優等生だったので、こんなことをする勇気はなかった。すべてあとで先生や生徒たちから聞いた話であるが、当時（一九六〇年前後）の田舎の中学生にとって、テレビに出演しているアメリカのスターが近所に来ることが、どんな大事件か校長はじめ先生方はわかっていたのだろうか。

アメリカ人の少女と文通する

高校生になっても、私のアメリカ熱は醒めなかった。高校一年生のとき（一九六二年）、一等賞はアメリカに一ヵ月行けるという雑誌の作文コンクールに応募して、第一次予選を通過した。内容はほとんど憶えていないが、「ニューヨークに行けたら！」という熱い思いを書いたように思う。応募者は何十万人か忘れたが、一次予選通過者の一〇〇〇人の中に入った。終業式のときに、校長がみんなの前で発表して、私は一挙に学校でスター的存在になった。その後、各県代表に選ばれる第二次試験の段階で落ちてしまったが、なんだかアメリカが一歩近づいたような錯覚に陥った。

当時、高校生でもアメリカに留学できる唯一と言っていい留学制度として、AFS（American Field Service）があった。ホームステイしてアメリカのハイスクールで学ぶのである。そして、登校途中の朝霧の中で、「ヘイ、キャシー、ヤー、ヘンリー」となにげない、なにげない、挨拶するのである。

それにしても、スポーツもまるで駄目、社交性もゼロの黒ぶちのメガネをかけた

「暗い」一六歳の少年が、デートしたりダンスしたりするアメリカの自由な学園生活に憧れていたのだから、滑稽である。

そんな憧れを充たす一環として、高校二年生のときには、雑誌の文通欄を見て、ミシガン州に住む一六歳のアメリカ人少女と文通していた。それが意外と長く続いて、大学に入ってからもしばらく続いた。

(自分の手紙は残っていないが) 彼女からの一〇通近くの手紙がそっくり残っている。それらを読むと「私は、メガネをかけた少年は嫌いではありません」とか「私もクラシック音楽が好きです」という文章から推察するに、ガリ勉タイプで嫌われるのではないかと自分の特徴を小出しにしていたことがわかる。ときどき写真も同封されていて、広大な家と、一面の雪景色。「弟です」という写真の中の少年は、車のボンネットに腰掛けこちらを見て笑っている。そこには『パパは何でも知っている』の世界があった。

憧れの欧米女優たち

私のアメリカコンプレックスは、欧米コンプレックス一般に基づいており、とりわけ肉体コンプレックスに基づいていた。当時の私は、本書第一章の『三四郎』からの引用にあるのと同じく、「西洋人は美しい」という固定観念を疑うことはなかった。政治家や俳優やスポーツ選手など、欧米の男たちの美しさ（立派さ）には日本の男は太刀打ちできない、と思っていた。教科書に詩人の写真が出てくると、欧米の詩人は、輝く瞳を天に向けフロックコートをしゃきっと着こなした伊達男が多いのに、わが国の詩人ときたら貧相な顔をし丹前を着て腕を組んでうずくまっている。この「美の担い手」の違いはどうしたものであろう。

なかでも、欧米の女優たちの美しさには驚嘆していた。私は完全に軟派だったのである。何といっても『ローマの休日』の可憐なオードリー・ヘプバーンが最高だが、ファッ

文通相手からの手紙と写真（上）。文通相手の弟（下）

ションセンスあふれる『ティファニーで朝食を』もすばらしい。エリザベス・テーラーの美貌は非の打ちどころがないと思っていたが、とくに『熱いトタン屋根の猫』のマギーの美しさは（いま見直しても）奇跡的なほどだ。『哀愁』では弱くはかなげな女を、『風と共に去りぬ』では男勝りの女を、『欲望という名の電車』では傷つきうめき声を上げる女を演じているビビアン・リーも大好きだった。『三月生れ』の東洋人のような黒髪のジャックリーヌ・ササール、『エル・シド』の毅然としたソフィア・ローレン、『私生活』のヒッピー風のブリジット・バルドー、『太陽はひとりぼっち』のけだるい感じのモニカ・ヴィッティも好きだった。『旅情』のだみ声のキャサリン・ヘップバーンでさえ好きだった。『スクリーン』という映画雑誌を買い込み、そこに載っている欧米女優たちを崇拝していた。まわりの高校生が、吉永小百合に夢中になっているとき、私は完全な欧米崇拝者だったのである。

受験英語秀才

もちろん学科としての英語も大好きであった。英語の成績はずっと優秀で、大学受験のときも英語が一番の得意科目であり、おおよそ学年で一番を保持していた。実際の東大入試のときも、よくできたように思う。当時は、どんな難解な試験問題でも解ける気がした。だが、それは「英語」ではなかった。ただ「英語受験問題」を解くための特殊な技術の習得だったのである。

語学能力は、きわめて多岐にわたるものであって、英語の受験問題が解けることはその一つの要素である。受験英語を目のかたきにする英語屋さん（英語で飯を食っている人）がいるが、それはまちがいである。かなり難解な英語を読解できること、その最重要なポイントを指摘できること、その要約を正確な日本語で書けること、最も正統的な英語の表現を知っていることなどは、一般に重要な知的能力である。つまり、こうした能力は英語の語学力というより、もっと普遍的な言語能力や論理的思考能力であって、受験英語は英語を通じてこうした普遍的能力を検査しているのである。

だから、少年時代を数年英語圏で過ごし英語には何の不便も感じない人でも、東大の入学試験問題に挑んだところ（試験問題の日本語はすべて完全にわかるものと仮定する）、惨憺たる結果しか出せないかもしれない。こうしたとき「だから大学受験問題はくだらないのさ」という反応があるが、そうではない。英語を通じて検査した結果、彼（女）は文章を正確にとらえる力がなかったのであり、論理的推理能力がなかったのであり、正統的な英語の表現力がなかったのである。

ここで、注意しなければならないことは、こうした知的能力は日常生活においてはよく「見えない」ことである。英語をぺらぺらしゃべる能力はよく「見える」。だが、たとえよく見えないとしても、人間としてきわめて重要な能力なのであり、(まともな)大学の英語受験問題は一人の人間の総合的知的能力を検査するものとしてはかなり有効なものである。

外国語を論理的に習得する能力

まったく新しい言葉を正確に学ぶ力、それは大部分の人にとってはじめての外国語である英語においてその人がどれほどの努力をなしえたかで決まることが多い。新しい外国語を「論理的に」習得する能力は、その国に幼少時からいて空気を吸うようにその言葉を覚える能力とはまったく別である。だから、中学の英語でつまずいた人は、やはり外国語の(才能とまでは言わなくとも)適性がないとみなしたほうがいいであろう。高校の英語、とりわけ受験英語は、むしろ英語嫌いを造るものであることは、いくぶんわかる。だが、逆に、受験英語に適性があったからといって、けっして恥じることはないのだ。それは、英語を通じて外国語を論理的に習得する能力一般に適性があることが証明されたことなのだから。

つまり、高校までの段階で——いやいやながらでも——英語ができた人は、外国語を論理的に習得する基本的能力があるとみなしてよい。彼（女）は大学でドイツ語やフランス語や中国語を新しく学んだとき、それを習得する能力はあるだろう。

だが、ほとんどの学生にとって、不思議なほど大学における第二外国語は身についていない。ドイツ語の場合で言うと、「優」を取っても、数を二〇まで数えられる学生はまれであり、色の名を五つ以上言える学生はまずいなく、「良」以下では、「彼」も「彼女」も「あれ」も「日本語」も「机」も「猫」も知らずして、単位を取ってしまう者は多い。なぜなのか？　別の話になるのでここでは立ち入らないが、高校までの教育と比べて、教材も、時間数も、なかんずく教師たちの質も、つまりすべてが数段劣るからである。

2　私は英語ができなかった

ほとんどひとこともしゃべれない

かように英語の「できた」私だが、受験英語以外はまるで駄目であった。

姉のアメリカ人の友達から、ときどき（もちろん英語で）電話がかかってくる。とっさに、頭の中が真っ白になる。「私は彼女の弟ですが、彼女はいま家にいません」と言おうとして、"I am her sister." と言ってしまい、まちがったと思いあわてて口から出た言葉は、"I am his brother." という始末。"her" につられて "sister" が出てきてしまい、"brother" を引き出そうとして、"his" と言ってしまう（もっとも、フランス語ならこれでいいのだけれど）。

だから、とっさにガイジンに英語で道を訊かれても答えようがない。中学一年生のころから英会話のレコードに出てきた "Walk down this street three blocks, and a post office is on your right hand." というフレーズは暗記してしまい、すらすら口から出てくるほどなのに、いざ訊かれると、ええと、ここはthis mapのhereだから、そこは（と向こうに見える建物を指差して）that houseですね。

という程度である。

姉のアメリカ人の友達が家に来て、無理やり応接間に出されたときも、さあ、何かアメリカのことを話そうと思って、“America is a large country.”とは言ってみたものの、あとが続かない。姉の友人のアメリカ婦人の家に母と妹ともども招待されたときは、少し「進化」して、“I can cook one thing.”“Oh! Really? What?”“Instant ramen.”と答えると、その婦人は大げさにはっはっはっと愛想笑い、母と姉妹もおもしろくもないのにつられて笑った。うまくいった、しめしめと思いながらも、私は五分後に“ramen”って英語だったっけと悩んでいた。

その晩、食事中に姉が突然げらげら笑い出した。

おかあさん、ごめんなさい。私、今日ベティにおかあさんのこと「恥ずかしがりや（shame）なんです」って言おうとして「恥ずべき（shameful）者なんです」って言っちゃったの。ベティがびっくりして、“Oh, no!”って答えたのがいまわかったわ。

姉はアメリカにはしばしば飛んで、ライシャワーやキッシンジャーにインタビューすることさえあった。生活のすべてが英語漬けだから、物を落としたりすると思わず"Woops!"と叫んだりする。

父はある程度、英語はできるのだが、たまに出てきて、恐縮している若いアメリカ人たちに向かってパイプをくゆらし、へらへら笑いながら「ドン・マイ、ドン・マイ」と言うのもかっこ悪いと思った。アメリカのテレビで日本についての番組を放送するからと、鎌倉の家で、父が着物を着て床の間の前で書道をする、というシーンを二時間かけて撮ったこともある。

こうして、私は英語に直面する機会が多かったからこそ、私の英語コンプレックスはジャックの豆の木のように、雲にまでそびえるほどのものとなって、私を圧しつづけた。

どうにかして英語をすらすらしゃべれるようになりたい。だが、軽薄な英会話学校なんぞには行きたくない。では、どういう方法があるのだろうか? 私は模索を続けていた。

「こんにちは、私に英語を教えてください」

親戚には変わった人が多く、そのひとりは母の伯父（母の母の姉の夫）で、彼は大学は出ていなかったが、何を思ったか終戦直後自分の息子が東大を受けるときに同時に東大を受験して合格した。当時の新聞に「親子して、春の小川を渡りけり」という見出しで大きな記事さえ出たという。その後、ふたりともそろって留年したというから、笑ってしまった。これでは「親子して、春の小川に落ちにけり」ではないか。

その親子は同時に法学部を卒業した。さて、伯父さん（母の伯父なのだが、ここではこう呼んでおく）は、物知りであり、世界中を旅行していて、各国の指導者にも会っていたということである。ほんとうかどうか知らないが、とくにインド政府のために尽力したから、インドのある都市の名誉市民であるそうな。卒業後は、もっぱら通訳で暮らしていた。その英語力はほぼ完全だという噂であった。子供の教育に熱意をもち、東大を出た息子は大企業の部長をし、ふたりの娘は女医で、そのうちひとりはアメリカのネブラスカ大学の医学部教授である。

伯父さんには数度会ったことがある。あるとき、どういう話の流れか忘れたが、

「英語がしゃべれるようになるにはどうすればいいんでしょうか?」と聞くと、「直接アメリカ人のうちに訪ねていけばいいんだ。『こんにちは、私に英語を教えてください』と言えばいいんだ」という返事。この人は、全部こうしてこれまでやってきたのだろう。私はそのアドヴァイスを実行してみようかと思った。

とはいえ、直接行くだけの勇気はない。そうだ。まず、電話で「申し込んで」みよう。そのころは、川崎市の武蔵中原駅の近くに住んでいたので、神奈川県の電話帳を見ると、横浜の山手あたりにたくさんの外国人の名前が載っていた。私は心の中で反芻する。

I am a student of Kawasaki Senior High School. I want to learn English. Please teach me English.

一人目、電話口の女性は"Oh, no!"と叫んで電話を切ってしまった。二人目の女性は、私の聞き取れたところによると、子供の世話が忙しいから駄目だ、ということ。そのあたりで、私も気落ちしてくる。なかには"taylor"という名前の人かと思って電話すると、洋服屋だったりした。そして……私はやっと一つ見つけたのである。電話すると、若い男が出て、私の「申し込み」を聞くと、明らかに外国人なのだが、流暢な日本語で「来週水曜日午後六時に来てください」という返事である。「やった！」と思った（なんだか変な気もしたが）。

さて、定刻に行ってみると、そこは小さな教会であった。私は聖書クラスに招待されたのである。お婆さんと中年の女性と初老の男性がいるだけ。なるほど英語で聖書を読むのだが、その後、若い外国人の神父が完全な日本語で長々と解説する。一回目の帰りがけに、神父から「あなたはこの道に合っていますから、ずっと来られるように」と言われたが、二回だけ行ってやめてしまった。

このあと受験勉強に突入してこんな「余裕」は許されなくなり、――先ほど述べたように――英語との付き合いは「英語受験問題」を解く技術に限定され、それなりに能力は発揮したが、同時に英語に対する柔軟で素朴な態度は消えていった。

3 私は英語ができる

大学入学とともにさまざまな語学を学ぶ

大学に入学して、私は一挙にドイツ語、フランス語、ロシア語の三ヵ国語を学びはじめた。第二外国語は(選択)必修であったが、駒場には「第三外国語」という制度があって、フランス語とロシア語を取った。こうして、一年生のとき、週に、英語二時間、ドイツ語四時間(本来の「ドイツ語初級」二時間プラス「外国文学」と称してさらに二時間)、それに週一時間のロシア語とフランス語というわけで、週八時間も語学を取っていたのである。ロシア語は一年生のはじめは五〇人ほどいたが、二年生の終わりには二人にまで減った。

ドイツ語は——当時の大学ではみなそうだったが——六月はじめにはもう文法を終え、その後夏休みを挟んで簡単な読み物を読み、後期にはヘッセの„Dichter"(詩人)や„Eine Fußreise im Herbst"(秋の徒歩旅行)やゲーテの„Novelle"(小説)などを読んだ。二年生になると、トーマス・マンの„Krambambuli"(クランバンブリ)やクライストの„Das Erdbeben in Chili"(チリの地震）などを読まされた。どんな難解なドイツ語でも、うんうんうなって格闘しているうちに、硬い結び目がほどけていくようにわかってくる。翻訳で読んでいたヘッセやトーマス・マンの書いた文章にじかに触れられるだけでも、うれしかった。

フランス語やロシア語も同じようなもので、文法を終えるとすぐにバルザックの“le message”（ことづて）やトルストイの“ДЕТСТВО”（幼年時代）を読んだ。

私はどうしても法学部には進学したくなく、哲学をしようと一年留年して尊敬していた大森荘蔵先生のいる教養学科に進んだが、そこでも語学だらけ。ドイツ語を第一外国語に取ったせいで、週に六時間くらいドイツ語がある。そのほか、英語が四時間、そこは生物学も英語、数学も英語、科学史に至っては、伊東俊太郎先生が語学の天才なので（二〇ヵ国語くらいできるという噂であった）、オランダ語で天文学の書を読んだりすることもあった。そんなとき、先生が「ああ、まちがえました。ついポルトガル語の活用を言ってしまった」とか言って、場はしらけてしまった。

本郷の文学部でも授業を受けていたが（他学部履修）、カントの『純粋理性批判』やヘーゲルの『精神現象学』をドイツ語で、デカルトの『省察』はフランス語とラテン語で読むのは当然だとして、今道友信先生のアウグスティヌスの演習の初回に

「できる外国語を書いてください、ただし英・独・仏は除きます」と言われて、唖然としたものである。

そのほか、文学部で開講されていたラテン語とギリシャ語にも出ていたが、両方とも単位を取得するまでには至らなかった。

ドイツ語にのめり込む

このうち、どういう動機が作用していたのか、いまでもよくわからないが、一年生のころから私はドイツ語にのめり込んでいった。ドイツ語に関することなら、何でも興味があり、岩崎英二郎の『ドイツ語　会話編』（白水社、一九六三年）、藤田五郎の『耳から学ぶドイツ語会話』（三修社、一九六六年）や『ドイツ語レコードブック　入門編』（三修社、一九六六年）、真鍋良一編の『ドイツ語会話レコード』（三修社、一九六七年）など、当時購入できたほとんどすべてのソノシート（当時はまだこれが多かった）を手に入れた。

法学部から教養学科へと路線変更したため一年留年したときは、時間がたっぷりあったので、渋谷のゲーテ・インスティテュートに週二度通った。いや、それどころか、私は東京芸大の声楽科を受験する少女にドイツ語の家庭教師をし、成城大学一年の男子学生相手にフランス語の家庭教師さえしていたのである（ずっとあとで、法学部に学士入学したときは明治大学一年生の男子学生にドイツ語と法学を教えたこともある）。

私はずいぶん臆病者であるのだが、窮地に落ち込むと突如として無謀になる。東大法学部を「捨てた」ショックは大きかった。後遺症は意外に長引いた。おれは――単に法学が厭になったからではなく――哲学の病に冒されたから、法学を捨てたのだ。そうだ、おれは一刻も法学なんぞにかまけていられないほど、法学部で適当に単位をそろえることさえできないほど、哲学的なのだ。そういうストーリーを作り上げ、それにすがって懸命に生きようとした。

だが、そのためには、抽象的なストーリーだけでは駄目であり、具体的な行動に出なければならない。並の人が絶対にできないことをしなければならない。ドイツ語やフランス語の家庭教師は、充分その証となる。ドイツ語の家庭教師は姉の知人の紹介であったが、フランス語は大学の就職相談室で手に入れた。フランス語は、週一回の第三外国語でようやく辞書片手で読めるようになっただけなのである。それでも、私は家庭教師に挑んだ。それが、いま法学から転進した自分が自信を得るためにとても大切なことだと確信した。いまになって、私が誇りに思うことは、こうした自分の無謀な行動力である。

（ミュンヘン）オリンピック参加奉仕団

教養学科を卒業して、本郷の大学院修士過程（哲学専攻）の二年生のとき、ミュンヘンオリンピックの参加奉仕団を募集していることを知り、応募した。二十数万円払うだけで、一ヵ月半にわたってドイツに滞在でき、宿舎はドイツ人家庭のホームステイで、オリンピック会場にも自由に入れるという。修士論文の締め切りも間近であり、オリンピックなどどうでもよかったが、いまこそ夢にまで見たドイツに行けるチャンスだと、（親を説得して）エイと踏みきった。

応募者は全員ドイツ語の試験を受けたが、きわめて簡単なもので、これには受かった。その後、さらに代々木のオリンピック選手村跡地で、数回のドイツ語研修を受け、七月三〇日に羽田を発った（まだ成田空港はなかった）。当時はアンカレッジ経由の北極回りであり、北極を通るときスチュワーデスが振袖を着て「みなさま、ただいま当機は北極上空を通過しました」と挨拶したものである。その後、各人に「北極通過記念証」という色紙まで配られた。

ハンブルクに近づき、飛行機が高度を下げると、広大な森の中にお城のような建物がぽつりぽつり見える。「ああ、ドイツだ！　眼下にドイツがある！」。それは、とても不思議なことのように思われた。ハンブルクの飛行場で周囲を見わたすと、われわれの集団以外はほとんどが金髪や栗色の髪をした背の高いガイジンである。「おのぼりさん」の私はしばらく見とれていた。

ここで、奉仕団はミュンヘン組と（ケルン近くの）ヘアフォルト組に分かれて、そこにあるゲーテ・インスティテュートでオリンピックまで一ヵ月にわたって毎日ドイツ語の特訓を受ける。私はヘアフォルト組に属し、バスでその小さな都市に向かった。ホームステイするのだが、団員の一人である中年男性とふたりで一部屋に下宿し、ドイツ人家族とはまったく関係のない暮らしとわかり、少々がっかりする。

授業の始まる前に、ゲーテ・インスティテュートの入っている荘麗な建物の地下食堂で簡単な朝食が支給され、授業は午前中だけ、その後は何をしてもいい。昼食と夕食はその町の四軒ほどのレストランで通用する共通の食券をもらい、好きなところで食べる。土曜と日曜は完全な休みである。授業以外の膨大な時間その小さな都市で何をしていたのか、週末にパリ、ハンブルク、リュベックに行ったこと以外ほとんど思い出せない。

そうだ、こんなことがあった。下宿の真ん前に若者たちが集まる酒場があった。そこに毎晩のように通っていた。日本人は私ひとり。ある日、カウンターでいつものようにビールを飲んでいると、少女が話しかけてくる。あのグループのところに来て一緒に飲まないか、ということである。二〇歳前後の四~五人の男女が一つのテーブルを囲んでいる。まず、自分の身分は何で、何のためにこの都市に来たのかを話したあとで、みんなで「ヤーパン（日本）、乾杯！」とビールを飲み干した。私はそのときすでに二六歳であったが、ピンクのシャツにジーンズといういでたち、腰にはカウボーイのような太い革ベルトをしていたから、同じくらいの歳に見られたのではないかと思う。彼らはたぶん二〇歳前後。いささかも不良がかったところはなく、まじめそうである。私に声をかけた少女に「ポルノ見たことある？」と聞くと、「やあだあ、恥ずかしい」と言って両手で顔を隠すのであった。時には、哲学的議論をする。大議論の末、「この手でつかめるものしか、私は実在とは認めない！」と別の少女が叫んだりしている。

そのうち、トランプを取り出して、ゲームをしようということになった。一番勝った者は、今日のここの勘定はタダ、そのうえこのうちの好きな者を外に連れ出して何をしてもいい、というゲーム。「ぼく知らないから」と逃げようとすると、「簡単だよ、こうして、こうして」と教えてくれる。最後にだまされるのかなあ、とは思ったが、それでもいいやと思って加わった……そして……、私が一番勝ってしまったのである！

「ギドー（義道）、誰を連れ出す？」。さて、困った。私にはじめ声をかけてきた少女が視線を送ってくる。„du"（きみ）と彼女を指名。さて、みんなに見送られて真夜中の町を歩き出したものの、どこに行ったらいいのか。彼女は私の手をとって、森の中にずんずん入っていく。青みがかった月が不気味である。そのうちわれわれは道に迷い、彼女は足が痛いと言ってサンダルを脱ぎ、どこを歩いているのか皆目わからず、彼女は泣き出し、ようやく大きな道に出て、通りかかったトラックに助けてもらったのである（彼女と「何を」したのかは言わない）。

ドイツ語はわりにしゃべれたが、相手によっては聞き取れないこともある。ある日、中年のおばさんに道を尋ねたら、あまりにも速くしゃべるので、

ヘアフォルトのゲーテ・インスティテュート

「もっとゆっくりしゃべってくれませんか?」と言おうとして、つい„Können Sie bitte noch schneller sprechen?"（もっと、速くしゃべってくれませんか）と言ってしまった。彼女はきょとんとして黙ってしまったが、しばらくはなぜだかわからなかった。

ゴミ掃除をボイコットする

ドイツ語研修を終えて、ミュンヘンに向かう直前に、大きなニュースが流れた。日本人の奉仕団はドイツ語が下手なので、全員ゴミ掃除ということ。それもわかるなあ、と思った。ヘアフォルトに滞在したのは五〇人くらいであるが、ドイツ語は、私が（一番できる学習院大学の学生がいたので）二〜三番にできるくらいであるから。それにしても、約束が違う。競技場の地図を何度も見ながら、会場案内の練習をしたが、いったいあれは何だったのか。とうてい納得できないということで、主催者による説明を聞く集会がもたれた。

きみたちは奉仕団として来たのだから、何でも喜んでしなければならない。ゴミ掃除は低級な作業ではない。とても重要な作業だ。とはいえ、はじめにはっきりそう言わなかった責任もあるので、この時点でボイコットする者には、五〇〇マルク（約六万円）を支給するので、二週間好きなように過ごし（宿も食事も自分で調達し）、九月一三日のフランクフルト発の日航機で一緒に日本に帰ってくれればそれでいい。

おおよそこのような説明であった。その条件を受け入れて、八月一九日にわれわれはミュンヘンに向かった。とはいえ、ヘアフォルト組五〇人のうち、ボイコットしたのは私ひとりではないかと思う。なぜなら、「ミュンヘン郊外のペンションに泊まればいい」という指示を得て、かなりの数の者が集まっているから、今夜はそこにミュンヘン中央駅まで市電で行き、そこから郊外電車に乗り換えて、草原の中にぽつんと建つそのペンションにひとりで向かったことを憶えているからである。

どうにかペンションにたどり着くと、けたたましい音楽が流れるダンスパーティーの最中であった。ミュンヘン組でボイコットした者一〇人ほどが「よく来た、よく来た」と歓迎してくれる。状況を知っているドイツ人が「サムライ、サムライ、カンパーイ」とビールのグラスをぶつけてくる。だが、私はくたくたに疲れていて、すべてがわずらわしかった。

その後、資金に余裕があったので、私はザルツブルク、ウィーンと足を延ばすことにした。ウィーンは、夜になると、どこもかしこも娼婦だらけ。宿は中心のグラーベンに取ったが、音楽会を終えて宿舎に戻ろうとすると、なんと、私の泊まっているペンションの扉の前にミニスカートにタバコをくわえた娼婦たちが五〜六人ずらっと並んでいる。そろって私が近づくのをじっと見ているので怖かったが、勇気を出して「すみません。ここに泊まっているのです。入れないからどいてください」と言って、彼女たちをかき分けてようやく中に入った。

ウィーンを出て、さらにヴェネツィア、フィレンツェ、ローマ、ナポリと鉄道でめぐり、ナポリから飛行機でミラノへ、それからジュネーヴ、チューリッヒとふたたび鉄道で回ってフランクフルトに着き、無事ヘアフォルト組に合流して、予定通り帰国した。ゴミ掃除をボイコットした私に対して、仲間たちの視線は冷たかったが、しかたないことであろう。

卒業後もさまざまな語学を学ぶ

三〇歳で一二年もいた大学を追われるように出た。新聞広告を頼りに、数校の予備校での英語の（非常勤）教師に納まった。

哲学はどこまでも続けるが、大学の職は難しそうだとすると、食べるための職業を選ばなければならない。それは、自分の場合語学を生かしたものがいいだろう。そう思っていた。だが、どのようにして？　これから、さまざまな試行錯誤が続くのである。

そのころ、新宿の朝日カルチャーセンターで日本最初の「日本語教師養成講座」が開設され、さっそく参加してみた。受験英語ばかりだと味気ないが、外国人に英語で日本語を教えることは魅力的な仕事だ。それに、予備校の先生では人聞きが悪いが、外国人に日本語を教えていると言えば、それなりに自尊心も保てる。そう思った。だが、現実の職業に結びつかないことばかり強調する講師に反感を覚え、たしかに日本語教師で食っていくのは難しそうだと悟り、一ヵ月ほどでやめてしまった。

とにかく食うために英語を教えることになったからには、わが国における英語の達人の一人にならなければならない（こう考えるところが、自分の実力を知らない愚かなところである）。少なくとも、この機会に英語がぺらぺらしゃべれるようになろう。そう思って数々の英会話テープを買い求め、ラジオの英会話番組をテープに吹き込み、さらには横浜や藤沢の英会話学校に通った。一時は英文科の大学院に入って、みっちり基礎から英語学を学ぼうとさえ思った（後に述べるように、この計画はウィーンに留学するという計画に切り替えられた）。

じつは、一度だけだが、私は英会話学校の講師になろうとさえしたのである。中堅どころの英会話学校が日本人講師を求めていることを新聞で知り、さっそく応募した。筆記試験はパス。その後模擬授業をし、その直後に面接があり、それで合否が決まる。模擬授業はその英会話学校のスタッフ五～六人が生徒で、与えられた状況（例えば、レトスランで注文するとき）について英語で説明する。自分が何をしているのかわからないままに終わったが、面接で「声が小さくて消極的です」と言われ、落ちてしまった。

さらに、英会話の実践を積もうと、日本に滞在している外国人家族と交流することを目的とする"Fraternity Club"（友愛クラブ）というものに入会した。月に一度ほど都心の一流ホテルでパーティーが開かれる。その内容は、――失礼ながら――弱小国の大使館が自国宣伝をするための場であったり（いま憶えているものは「ブルガリアについてもっと知る会」）、さまざまなスポーツの交流会であったり（これには参加しなかった）、テーブルマナーを英語で教わる会だったり（これには参加した）、さまざまである。

いま思い出してみれば、鳥肌が立つような軽薄な雰囲気でもあった。パーティーが終わるとガイジンを引き連れて、銀座や六本木に呑みに行き、周囲の羨望の視線を浴びながら英語でしゃべり散らす。女性が八割、男性が二割であり、独身男性はさらに割合が減るので、若い女性にはよくもてた（という自慢話はやめよう）。

そうしながら、私はドイツ語もおろそかにしたくなかった。ドイツ語で金を稼ぐ道の一つとして大学院時代に少しドイツ語の翻訳のアルバイトをしたことがあるので、翻訳士の資格を得ようと通信教育にまで手を伸ばした。これは一年以上続いて（最後は、ウィーンまでもっていって訳していた）どこまで通用するのかわからないが、「翻訳士補」の資格を得た。

フランス語は、主に会話を御茶ノ水のアテネ・フランセに週一回通って続けたが、いつまで経っても（いまだに）大学一年生レベルの学力にとどまっている。さらに、ラジオ放送でスペイン語とイタリア語を学んだが、これはまったくものにならなかった。

ということで、さまざまな語学に手を出したが、「カネになる」のは受験英語の教師とドイツ語の翻訳だけ。いや、この二つさえ怪しいことはわかっていた。すでに三〇歳を過ぎていたが、語学を上達させたいという情熱は消えなかった。トイレにも天井にも、ドイツ語の単語を書いて貼りつけ、自分の部屋にいるときは、さまざまな語学のテープを流しつづけ、毎晩それらをイヤフォンで耳に流し込みながら眠りについたものである。

ウィーン大学に留学する

ドイツやオーストリアの大学に入学するにはゲーテ・インスティテュート中級修了試験に合格することが必要である。予備校の英語講師を二年やってみて適性に疑問を感じはじめた三三歳のころ、ウィーン留学を決心してからさっそく渋谷のゲーテ・インスティテュートに行って、筆記試験とヒアリングそれに口頭試問からなる念入りな試験を受け、どうにか合格した。

だが、いざウィーンに着いてみると、大学で正規学生として登録し博士号を得るには、八学期(四年)以上大学に在籍していることが必要だが、その学期数に算入するためにはさらに大学の課すドイツ語試験に合格しなければならないことがわかった。そこで、覚悟して入学許可の面接に臨んだところ、「あなたにはドイツ語の試験は免除します」と言われた。教養学科のドイツ語の単位が多かったからかもしれないが、理由はいまだによくわからない。

ウィーンでの体験について『ウィーン愛憎』に書いたことは繰り返さないことにして、ここで最も言いたいことは、ウィーンで私が連日ヨーロッパ人とドイツ語で論争しているうちに（ドイツ語がしゃべれるようになったのはあたりまえだが）、いつの間にか英語も——とくに勉強しなかったにもかかわらず——しゃべれるようになったということである。

ウィーンに到着して半年後の一九八〇年四月に、予備校教師としての経験が認められて、——幸運にも——日本人学校の英語（非常勤）講師に採用された。そこでは、日本の教科書を使って日本人の中学生に英語を教えていたのだから、これによって特別に英語がしゃべれるようになったとは思えない。英語の講師になってからは、英語力をつけようとウィーン大学の英語の授業もいくつか取った。授業はすべて英語でおこなわれ、私も何度か発表したので、この経験が少し私の英会話能力を高めてくれたのかもしれない。

しかし、たぶん英語が（ある程度）しゃべれるようになった最大の要因は、ドイツ語によっていかにして自分の考えや情緒を伝えようかと日々、いや時々刻々と工夫し、実践し、失敗し、反省し、……という作業を銀行の窓口やスーパーでの買い物といった日常生活のレベルで繰り返しているうちに、私の「他人に対する態度」が次第に変わっていったことであろう。自分の考えを主張するには正確に相手の言うことを聞かねばならない。そのうえで、正確に互いの違いを浮き立たせるように、また理解してもらうに最も効果的な表現を選んで、文章を組み立てねばならない。こうした技術が英語をしゃべる場面にもいつの間にか適用されて、総合的会話能力をアップさせたように思われる。

もう一つの要因が考えられる。それは、ウィーンの人々（学生や教授を含めて）は、総じて英語がうまくないので、かなりいい加減な英語でも羞恥心なくしゃべることができるということである。ドイツ語ではとうてい太刀打ちできなくとも、英語なら対等（以上）に話せる。日々ドイツ語では痛めつけられていたが、英語をしゃべると尊敬される。このことが私の中の虚栄心を目覚めさせて、機会あるごとに英語をしゃべらせたのではないかとも思う。

あくまでも仮説であるが、あれだけ日本で英語を学びながら会話能力はまったく向上しなかったのに、——出発点のレベルがとても低いから——ウィーンでめきめき向上していったことは事実である。

帰国後、北京大学名誉教授のウィトゲンシュタイン研究家（中国人）が東大で

（本郷の哲学科で一度、駒場の哲学研究室で一度）講演をするというので、通訳に駆り出された。通訳は大の苦手であるが、内容がよくわかっている分野なので、相当なまり（ウィーンなまりプラス中国なまり）の強いドイツ語であり、八〇歳の高齢でもぐもぐ口調ははっきりしなかったが、不思議にほとんどわかってしまい、多くの同僚から「よくわかりますねえ」と讃嘆された（また、いばってしまった）。とはいえ、けっして完璧ではなくいくつか聞き落としたところもあり、ドイツ語のできる秋間実教授が助太刀してくれた。

そのほか、カント学者のノルベルト・ヒンスケが来日したときも、日本カント協会で通訳をした。そのときは、はじめに彼の論文を日本語に訳したら、もうそれが誤訳で、一番前に座っていたドイツ語のうまい石川文康さんにはっきり「まちがいです」と指摘されてしまった。でも、かわいげがないことに、まったくヘイチャラなのである。こうした「厚顔無恥」こそが、ウィーンの四年半で勝ちえた何よりの成果であろう。

はじめてのアメリカ

ウィーンから帰国した翌年（一九八五年）、駒場の助手のとき、アメリカのペンシルヴァニア州立大学での国際カント協会で発表するために、生まれてはじめてアメリカに渡った。だが、このとき私の身に「異変」が起こる。あれほどしたたかであり恥を恥とも思わなかったのに、このとき発表が突如恐ろしくなったのである。

九月七日の午後、すべての荷造りを終えて、あとは成田行きのバスが出る吉祥寺に向かうだけというとき、私は突然行きたくなくなった。発表は英語ですることにしたが、それはいい。だが、会場から出る質問に答えられなかったらどうしよう。それより先に、質問の意味がわからなかったらどうしよう。みんなの前でおたおたして、冷や汗をかき、卒倒してしまうのではないか。考えれば考えるほど恐ろしかった。おれは何でまた、こんな無謀なことを試みたのだろう。誰からも強制されたのではない。自分で発表しようと意図し、それが受理され、英文の発表原稿を姉の知り合いであるアメリカ人に見てもらい、何度も家で練習して、今日まで至ったのである。

そのころ妻は小学校の教員として働いており、すでに家を出ていた。息子は保育園に預けてある。私はひとり家で悶々としていた。飛行機の離陸時間（午後五時）より二時間前に成田に着く吉祥寺のバスはもう出ていた。だが、ここまで来て「おつかない」から行かないというのもお笑い種だ、と思っているうちに、妻から電話がかかってくる。

「あなた、まだいたの？　間に合わないじゃないの」

「おれ、行くのやめようかと思って」

「何バカなこと言ってるのよ。行くのよ、絶対よ！」

「ああ」

とだけ答えて、電話を切り時計を見る。離陸まであと三時間だ。もう間に合わないかもしれない。そう思いながら、私は電車で新宿に向かい、そこから成田エクスプレスに乗って、成田に着いたが、そのときはすでに離陸直前で、搭乗手続きは終わっていた。ノースウエスト航空のカウンターで相談すると、次の飛行機に乗ればいいとのこと。こうして、私は飛行機に「乗り遅れて」次の飛行機ではじめてのアメリカに向かったのである。

アメリカ行きのことは、別の本（『孤独について』文春文庫）に書いたので、ここではなるべく重複しないようにする。

飛行機に乗り込み、これからのことが思いやられるなあと、ひとり座席にうずくまっていると、隣の東アジア系の紳士が話しかけてくる。コロンビア大学の物理学教室の主任教授（チュウ氏）だということである。「私は、これからニューヨークに泊まり、そしてペンシルヴァニア州立大学での国際哲学会で発表するのです」と自己紹介する。「カント」は英語で女性器の俗称だから、注意深くその単語を使わないようにした。


「どのような哲学会なのですか？」

「ドイツ哲学です」

「例えば？　ヘーゲルなど？」

「ええ、そんなものです」


しばらく哲学や科学の話をしたあとで、チュウ教授は「ニューヨークに着いたら、コロンビア大学に遊びに来なさい」と言って、向こうを向いて眠ってしまった。

ああ、ニューヨーク

こうして、一三時間の飛行のすえ、（同日である）九月七日の午後四時に憧れのニューヨークに着いた。チュウ教授は自分の荷物を見つけると、さっさと出口に向かってしまう。グランドセントラル駅行きのバスに乗り込む。飛行場も、バスも、バスの車窓からの景色も薄汚れている。まもなく、イースト川にかかる大きな橋を渡ってマンハッタンに入る。「自分はいまマンハッタンにいるのだ！」と思っても、何の感慨もない。

バスが停まった。ぞろぞろ半分くらいの乗客が降りるので、私は車掌ではなくて（これがまちがいであった）、降りたところにいる大男に「ここがグランドセントラル駅ですか？」と尋ねると、「そうだ」と言うなり「ヘーイ」と相棒を呼んで、私のスーツケースを肩にひょいと抱えて急ぎ足でタクシーまで歩いていく。どうもおかしいとは思ったが、タクシーの中には家族連れもいたので「ま、いいや」と乗り込んだ。そして、ホテルまで（あとで知ったが）通常料金の三倍近くを取られたのである。

タイムズスクエア近くの安ホテル「エディソン」に入り、フロントでさっそく、

「こちらに来るまでに、こんな不愉快な思いをしました」と訴えると、「ニューヨークはそういう人ばかりではないことを知っていただきたいと思います」という冷静な返事。これは引き締めてかからねばと、前もって駒場のK先生に聞いておいたように、パスポートや現金などの貴重品はホテルの金庫に入れて、私は街に出た。

日本円を三〇万円もってきたが、成田空港でもあわてていたし、ケネディ空港でも勝手がわからず、とにかくホテルに向かおう、その後どこでも両替できると思ったのが、まちがいのもとであった。数種の銀行の窓口で聞いてみたが、驚くべきことにどこも円からドルへの両替はできないと言う。「では、どこで?」四番目に入った銀行で聞いてみると、マディソンスクエアに両替所があるという。「マディソンスクエアはどこにあるんですか?」と聞くと、そんなことも知らないのかというあきれた顔でぺらぺらとまくし立てる。全然わからないが、まあその方向に歩いてみようと銀行を出た。

何度か歩行者を停めて、「マディソンスクエアはどこですか?」と聞いてみたが、みな一様にやはりそんなことも知らないのかという軽蔑の顔で迎えてくれ、ぶっきらぼうに「あっち」と指し示すだけ。とにかくたどり着いたが、東京で「銀座四丁目の交差点はどこですか?」と聞いても、もっと誠意をもって教えてくれるであろう。

「国際的」ではない都市

金を両替すると、ほっとひと安心してゆったり中心街を散策しはじめた。ああこれが五番街か、さすがに優雅だなあ。あれが『ティファニーで朝食を』のティファニーだな。意外にこぢんまりしているなあ。あっ、向こうにエンパイアステートビルが見える。いま通りすがりに見えたのは、クライスラービルだな……と、私は小学生からの記憶を総動員して、夕暮れのニューヨークを歩いていた。

安直なピザハウスに入り、ビールを数杯飲んで、ほろ酔い気分でホテルに戻ると、はて、ホテルの金庫の鍵がない。どこかに落としたらしい！　鍵の紛失に五〇ドルも取られた。それにしても、金庫に貴重品を入れてもその鍵をなくしてしまうんだから、私のマヌケさは際限がない！　うちひしがれつつも、ニューヨークに着いたときからの溜まりに溜まった怒りが限界に達する。

ホテルの従業員の話す英語がみな恐ろしく速いので、「もっと、ゆっくりしゃべってくださいよ」と頼む。はじめのうちはいいが、しばらくするとまた速くなる。「また、速すぎた！」と言うと、「もうこれ以上遅くできません」と答える。それにめげずに、「私は今日、はじめてアメリカに着いたのですよ。外国人なんですよ。英語ができないんですよ」と何度言っても、首を横に振って「できない」と答えるのであった。なんというバカであろう！

「五ドル二五セント」を“five twenty-five”と言うのにも慣れなかった。これもフロントで「『ドル』という言葉を抜かさないで言ってくださいよ。まちがえやすいから」と頼んでも、「いえ、そういう習慣ですから、できません」と断られてしまった。

英語をしゃべることを当然だと思い、しかも外国人に対していっさいの配慮をせず（できず）、ドルしか通貨の単位はないようなそぶりで、そのうえニューヨークのことは人類のすべてが知っているはずだという傲慢な態度に出遭って、あらためて「国際的」ではない街に来てしまったと思った。

部屋に入り、カーテンを開けると、窓の正面に〝SONY〟の巨大なネオンがひときわ強烈な光を放っていた。

コロンビア大学

翌朝、六時ごろ目が覚めてしまったので、ぶらりと外に出てみる。朝もやの中、ほとんど人の通らないまっすぐな道路の両側に摩天楼がそびえている。ああ、ニューヨークだ！　私はずっと首を空に向けて歩いていた。午後からは観光バスに乗って市内観光。

翌々日の九日、さっそくチュウ教授に電話して、コロンビア大学に向かう。ハーレムの真ん中に、そこだけ切り取られたように文明の光輝く殿堂があるという感じである。キャンパスはさして広くないが、学生たちは（黒人がほとんどおらず）みな清潔な身なりをしていて、聡明そうでいかにも育ちがよさそうに見える。私がひとりで歩いていても、カフェテラスに入っても、普通の学生に見られるようで、誰も見向きもしない。

研究室に訪ねていったものの、チュウ教授がとても忙しそうなので、「ひとりで見学します」と言って、時間割を調べて哲学科の授業に二つ出てみた。「哲学入門」では、中年の女性講師がヘーゲルの „Phänomenologie des Geistes“（精神現象学）を黒板にドイツ語で書こうとして、スペルに自信がないと言って途中でやめてしまったのには驚いた。ふと横の学生のノートを見ると、„Locke“ のスペルをまちがえて „Lock“ と書いている。

授業から戻ってきた私をチュウ教授は待ち構えていて、「イギリスから数学者が来ているから一緒に食事をしよう」と提案。大学構内の外のビアホールでサンドイッチをつまみながら、哲学やら文化論やらに話が弾む。それにしても、大学の中って、東大でもウィーン大学でも、コロンビア大学でも、どうしてこうも国際的（無国籍的）なのだろう。ほとんど自分がどの国にいるかわからないほど、「空気」が似ているのだ。フランクで、知的で、プライドの高い人々。私は、そういう人々の中にいると、正直言ってとてもくつろぐのである。

オー！　カルカッタ！

私が泊まったホテル「エディソン」のカウンターでパンフレットを見ていると、何とあの「オー！　カルカッタ！」が、ただいまこのホテルで上演されているということである。

地下の広い劇場内は予想に反してガラガラである。どうせならと最前列に席を占めると、開演してすぐに男女が全裸になり、踊りまくる。それはそれで予想どおりなのだけれど、半分勃起したペニスの血管までくっきり見えて気持ち悪くなり、後ろの席に移った。

ニューヨークは、昼も夜も歩き回った。夜は何度もストリートガールに呼び止められる。「ガクワリアルヨー」と日本語で誘う者もいる。当時はすでに三九歳だったのに、夜だったし、とても若く見られたのであろう。

ショウウインドウを覗いても欲しいものはまったくない。夜のニューヨークを観光客用の二頭立ての馬車が走っているが、――ウィーンと比較して――なんとこの街に似合わないものかと思った。

ニューヨークで一番おもしろかったことは、次のことである。ある日、そうだ、メトロポリタン美術館に行こうと思い立った。ダウンタウンからタクシーに乗り込む。セントラルパーク内の広大な建物が見えてくる。すると、タクシーの運転手は正面入り口ではなく、その脇の入り口にタクシーを停めたのだ。お仕着せを着た数人のインド人風の男たちが寄ってきて扉を開いてくれる。なんだか変だなあと思っていると、彼らが一列に並んで私にお辞儀する。見上げると、「インド・ネパール宝物展」という特別会場らしい。タクシーの運転手に「これ何なの？」と聞いてみると「ここの来賓の方かと思いまして……」という挨拶に唖然とする。

そういえば、それでなくとも日ごろ自分の外貌がネパール系であることは自覚していたが、私は当日まさに白いコットンのスラックスにやはり白いシャツ、その上にベージュのチョッキを着て、そのうえ長めの髪の毛に髭まで生やしていたのだから、まさにネパールの文化人(?)のようであった。

国際カント協会で発表する

翌一〇日の朝、ペンシルヴァニア州立大学(略して「ペン・ステート」)に飛行機で向かう。ピッツバーグで乗り換え、十数人乗りの超小型飛行機に乗り込み、一路ペン・ステートへ。

その大学街は、きれいなケーキのような二階建ての家々がどこまでも並んでいて、黒人をほとんど見かけない。前もって選んだ宿舎も、安直な建物ながら、プールもついているいかにもアメリカン・リゾート風モーテルである。少し眠って、夕方、外に出てみようとしたら、ドアをノックする音。昼間、廊下でちょっとすれ違った日本女性が、「外に何か食べに出ませんか?」と誘ってくる。彼女は発表はしないが、やはり今回の大会に参加したという。中華料理屋に入って、山のように盛りつけられた焼きそばを食べる。

翌日、彼女(Tさん)と一緒に、宿舎から歩いて五分ほどのところにあるペン・ステートに向かう。中に入ると、飛行場のような広さである。人をほとんど見かけず、広大なキャンパスの中のある建物を独力で探り当てた。入ると、テーブルの上に山のような書籍が積み上げられている。英独仏で最近刊行されたカント研究書とのこと。頭が痛くなる。次第に、違和感が増してくる。オリンピックじゃあるまいし、こうした壮大な国際学会は、私の中に大切にしまってある「哲学」のイメージとは限りなく遠いものである。

到着したときには、すでに二〇くらいの教室に分かれて、次々に発表がおこなわれていた。手持ちの資料によれば、発表者は全部で七三人。これらの人々が、九月八日から九月一二日までの五日間にわたって（だから、私が着いたときはすでに半分終わっていた）えんえん発表をする。いずれの教室にも、一〇～二〇人程度

超小型飛行機（上）。ケーキのような建物が並ぶ街、ペン・ステート（下）

の聴衆が集まっており、発表者は思い思いのやり方で発表し、質問が次々に出て沸き立つこともあれば、まったく質問の出ないこともある。ケルナーとか、プラウスとか、ゼーボームとか、カント研究者としては有名な教授も何人かいて、「ああ、ああいう顔をしているのか」と——見とれはしないが——注視した。

昼休みは、Tさんと学習院大学の門脇卓爾教授と一緒に大学内の食堂で食事をし、午後からも、いくつかの教室を覗いたが、おもしろいものは一つもなかった。というより、「カント」という二〇〇年前に死んだ哲学者の死体をなぜこんなにも多くのハイエナの群れが貪り食っているのであろうか（私もそのハイエナの群れの一匹である）、「醜悪だ」と思うばかりであった。日本からは一〇名くらい来ている模様だが、発表するのは私ひとりである。全体の空気に次第に拒絶反応を覚えはじめる。とにかく、早く済んでしまえばいい。

私の発表"Transcendental Freedom and Practical Freedom"（超越論的自由と実践的自由）は、最終日九月一二日の午後二時からであった。向こうで知り合ったほとんどの日本人が（同じ宿舎のTさんも）その日の午前中に観光旅行のためにと去っていった。ほっとするとともに、やはり気が滅入る。教室に入ると、そういうわけで八人ほどの聴衆がいるだけである。気力がしぼんでいく。後ろのほうに門脇先生の顔が見える。

発表自体はほとんど暗記している原稿どおりにやればいいのだから、何の問題もない。その後、ついに質問時間となった。一列目の西アジア系の男が挙手する。何か基本的にまちがったカント解釈のようであり、こういう場合は大論争してもしかたないので、自分の発表で打ち出した点をもう一度強調するに限る。そう思い、カントの場合、「自由」それ自体を考察することはできず、あくまでも「責任」の側から考察されるほかないのだと繰り返した。彼はそれで引っ込んでくれた。やれやれと思う間もなく、後ろのほうから手が挙がる。ぎくりとするが、そのときはもう何でも来いという気分である。その質問は私の発表に全面的に賛成するという宣誓で、あたかもサクラのようなもの。「ああ、そうですか。ありがとうございます」とだけ答えておいた。

これで、終わった。教室を出るとき門脇先生が「よかったじゃないですか。質問も出ましたしね」と言ってくれた。もう二度としない、と決心して宿舎に帰った。その夜はカント協会会長主催のパーティーが開かれ、発表者全員が招待されることを知っていたが、私は街にも出ずにずっと宿舎のベッドの上で、「哲学とは何だろう？」と考えていた。

「英語帝国主義批判」の研究グループに入る

一九九二年一月に、名古屋大学の津田幸男さんから連絡があり、『英語支配への異論』という本を共著で出したいので、『ウィーン愛憎』の続編のようなものを書いてくれないかという依頼があり、承諾した。それは一九九三年二月に第三書館から刊行されたが、そのとき書いたものが本書の第一章「英語コンプレックスとは何か」である。

さらに、同じ年の十一月には、青山の国連大学で情報通信学会主催の「英語帝国主義」についてのシンポジウムがあり（正式な名称は「情報環境のグローバル化とアジアの言語・アイデンティティ」）、津田さんからの依頼で、アメリカ人（ダグラス・ラミス氏）、中国人（チャン・ゴア・リアン氏）、シンガポール人（ビクター・ヴァルブエナ氏）たちとともに、私もパネリストに選ばれた。「日本語でなさっても結構ですし、英語でされる場合は、同時通訳がつきます」という相談があったので、躊躇なく日本語ですると答えた。私の講演タイトルは"English as 'International Language' and Principle of Equality among Languages"（「国際語」としての英語と諸言語の平等原則）というものであり、フロアからも質問がたくさん出て、自分としては例外的に満足であった。

その後（一九九六年）、津田さんからさらに英語帝国主義についての研究グループに参加しないか、という要請があり、引き受けた。京都にある「国際日本文化研究センター」に集まり、一日中討論し、夜は先斗町あたりで呑んでそのまま京都に泊まる。それを一ヵ月おきに一年間続けるという魅力的なプランである。津田さんのほかに、参加者には法政大学の田中優子さんや慶應義塾大学の伊藤陽一氏や東京大学の吉野耕作氏や、京都大学のカール・ベッカー氏など多彩な顔ぶれであり、おもしろかった。田中優子さんの着物姿が何ともあでやかなので、褒めると、「中島さんも、着物似合いそう」と（お世辞を）言われた。その研究の成果は日文研叢書14『日本人と英語』（一九九八年）にまとめられている。

思えば、そのころ（一九九〇年代前半）、私はずいぶん熱心な「英語帝国主義反対論者」であった。例えば、一九九二年の一〇月に、東京大学の駒場キャンパスで「日米現象学会」が開かれたが、司会者が全体の説明を始めるや否や、私は手を挙げた。

見わたすと、九割が日本人です。ここ東京で、九割が日本人という会場で、使用言語を英語だけに限定するのはおかしいのではありませんか？　この中にはドイツ語のほうが得意な人もいるでしょうし、質問をしたいのに、英語ではうまく表現できない人もいるのではないでしょうか？　そういう場合は、日本語でもいいと思うのです。あとで、誰かが通訳すればいいのですから。つまり、使用言語を英語に限定する必要はないと思います。

会場は一瞬どよめいたが、アメリカ人の司会者は、「そうですね、個人的には賛成しますが、ご異論ありませんか？」という方向にもっていって、私の提案は承認された。

おもしろいことに、発表後のパーティーの席で、数人の日本人から「中島さん、あんなこと言って、困るよ、もう決まっていたんだから」という苦情が出たのに対して、司会者はじめ多くの欧米人からは「とてもいい意見でした」と褒められた。

留学生に英語で日本文化を教える

電通大にはアジア・アフリカからの留学生が多いので、ボランティアという感じで私は三年前から"Japanese Human Relations"という半年単位の演習を開講している。ほとんどが外国人であるが、日本人学生も二、三人参加している。念願の「英語で日本語を教える」というかたちに近いものが実現されたわけである。

参加者は一〇名前後。「上座・下座」から始まって、「ホンネ・タテマエ」や「義理・人情」「恩」「甘え」「恥」「根回し」「先輩・後輩」などの定型的な概念を使って日本社会の伝統的な人間関係を説明する。そのほか、「コネ」「学閥」「談合」「村八分」……など。あるいは、――多くの学生が関心をもっているので――天皇制について。天皇と将軍、貴族と武士の違いについてなど、ごく簡単な日本の歴史。

とかく日本社会の否定面に偏《かたよ》りがちなので、そのプラス面も挙げていく。だが、最近の若者たちは、ちょっとやそっとの日本の否定面などではびくともしない日本のプラス面を知っていて、私が指導したわけではないのに、「タテマエも美しいと思います」とか「義理と人情の区別は必要です」という肯定的な意見が出てくる。

私は、いっさいの「配慮」をやめた授業をしている。アジア諸国において日本についてのどんな教育がされているか、とりわけこの前の戦争に関して、どのような内容を習ったかを聞き出している。そうして、毎回実感するのは、なんと（日本人を含めた）アジアの若い世代同士は考え方・感じ方が似通っているか、ということである。昔は、われわれはアジアの人々に遠慮して、何も言えなかったものである。三〇年前は、中国人学生に毛沢東の悪口は言えなかった。二〇年前までは、韓国人に日韓併合以降敗戦までのことは言えなかった。だが、いまや何でも心に思ったことを口に出せる。北京から来た学生に「昔は、毛沢東の言うことはすべて真理だと思っていましたよね」と聞いても、にやにや笑うだけである。

学期の終わりに、ひとりずつ前に出て、口頭で一番興味深かったテーマを選んでレポートをしてもらう。それが、またおもしろい。インドネシアから来たA君は積極的でよくしゃべる。なかなかハンサムであり、ユーモアがある。彼が日本人の家庭に泊まりがけで招待され、一度インドネシア風の料理を作ったことがある。「どうですか?」と聞くと、家族のみんなが「おいしい、おいしい」と口をそろえて答えるので、「タテマエ、タテマエ」と言ったところ、みんな大笑いしたという話。だが、この話はそれで終わらない。あとで、その家の主(お父さん)に呼ばれて、「ああいうときに『タテマエ』と言うのは相手にとても失礼なのだよ」と教えられたということである。彼もいいなあ、そのお父さんもいいなあ、と彼の話を聞きながら、私は感動していた。

台湾から来た女学生は日本のアニメに凝っているが「アニメと女性差別」と題するそのレポートは意表をつくものであった。『もののけ姫』のように、日本のアニメの主人公には女性が多い。それも、男勝りの力強いキャラクターが多い。この現象は現実世界においては女性がまだ虐げられていることを間接的に示している。日本社会ではまだアニメの世界でのみ女性上位が認められるのである。おおよそそのような内容であった。

そのほか、タイの風呂と日本の風呂の違いを細かく比較したもの、日本社会の先輩後輩関係の軍隊的序列に驚いたという報告、日本の学閥制度には悪い面だけではなく、よい面もある、同じ大学を出たもの同士はやはり仕事をしやすいのではないかという意見など、多種多彩である。

おもしろいのは、七夕のとき、ある日本人女子学生が準備した短冊をみんなに配り、あとで何を書いたかを聞いてみたところ、日本人学生が「ガールフレンドができますように」とか「就職がうまくいきますように」という自分に関するものであるのに対して、外国人学生は「世界平和」とか「家族の健康」という一般的な願いであったこと。無理に分析することはやめるが、感触的にその違いはよくわかる。

「日本で、どんな小さいことでもいいから、差別を感じたことがありますか？」とストレートに話をもっていっても、「何もない」と答える。「あなたは外見的には日本人のようですが、中国人と知った瞬間に相手の態度が変わりませんか？」と無理にいじわるな方向にもっていっても、「『ああ中国人なんですか』と言うだけ」という答えである。たぶん、そうなのであろう。

国籍と人種もさまざまである。フィリピン、インドネシア、ベトナム、タイ、台湾、韓国、中国、アメリカ、メキシコ、ハンガリー、リトアニア、さらに韓国で生まれ、それからアメリカの大学に入った者、両親とも中国人だけれど、オーストラリアで生まれた者、インドで生まれたけれど、アメリカで育った者等々。英語が下手なのは歓迎するが、カリフォルニアからの学生やオーストラリアからの学生が参加すると、英語がうますぎてやりにくい。「ここには、さまざまな学生がいるのだから、あなたはもっと正確に発音しもっとゆっくりしゃべらねば駄目ですよ」と注意するが、じつは私が聞き取れないからである。

東京見物

学期末の一日、全員参加のもと東京見物に出かける。東京駅丸の内中央口に集まり(ここが東京駅の改札口の中で一番すいているから)、そこから皇居まで歩き、さらに国会議事堂まで歩く。そこから地下鉄に乗って本郷三丁目で降り、東大構内を散歩して、上野公園を抜けて上野駅まで歩く。そこから、地下鉄で浅草まで行き、自由時間をたっぷり取って、予約してある安レストランへ。そして、地下鉄で銀座まで戻り、歌舞伎座まで歩いてそこでお開き、というコースである。学生からは一〇〇〇円だけ徴収し、あとは私が払う。大半がアジア・アフリカからの貧しい学生なので、おいそれとは東京見物もできないだろう、皇居も見ないうちに帰国というのではかわいそうだ、と思って企画したが、これは大きな誤算で、彼らは来日したときから、渋谷・新宿・お台場・六本木・浅草と精力的に動き回っている。

大学を出てからの彼らの自然な動きを見るのも興味があり、また地下鉄の中などでアジアの学生を観察している日本人たちの様子を見るのもおもしろい。遅れてきた者、途中はぐれた者は「不可」と言いわたしているが、いままでそういう学生はいなかった。

もちろん「道中」すべて英語であるが、彼らの態度の自然さはどう言えばいいのであろう。互いに明るくはしゃぎながらも、「センセー！」と呼ぶ私とはある距離をとっている。そして、充分配慮してくれる。浅草のレストランに入ると——何も指図した覚えがないのに——、彼らは「センセー、上座」と言って私の席を空けて座る。「上座・下座」教育の見事な成果である。

じゃあ、A君、みんなを代表して、私に感謝の言葉を。日本では、心に思ってもいないことでも、定型的な感謝の気持ちを告げることがとても大事なのです。

くすくす笑いが広がるなか、A君は紋切り型の言葉を連ねる。

半年間のすばらしい授業と、今日のすばらしいご馳走に心から感謝します。涙が出てくる思いです。

「涙、出ていないぜ!」「顔は笑っているよ!」というヤジが入る。さあ、乾杯しようと思ったが、タイから来た女学生の頼んだ飲み物(ミルクコーヒー)だけが遅れてしまい、みんな早く乾杯したいのに、とあせっている。いい機会だからと、私は説明する。

こういうとき、Sさん、あなたには何の落ち度もないけれど、日本では「すみません」と言うのが普通です。「すみません」とは、“Excuse me.”のように、自分の責任を認めるという意味ではなく、こういう事態になってしまって自分の気持ちが「済まない＝澄まない」ということ。心がにごっていて居心地が悪いということを表しているのですから。

すると、Sさんは間髪を入れず「すみません」と言ってぺこりと頭を下げる。みんなどっと笑う。ふと見ると、インドから来た消極的なK君が両腕をさすり、エアコンの操作ボタンのほうを何度も見ている。

K君、寒いんでしょう？　温度、もっと上げてもらいたいんでしょう？

K君はうなずく。そこでまた実践講義。

日本人は、自分が寒くてもほかの人は違うかもしれないと思って、なかなか言い出せません。そんなとき、それとなく態度で示し、ほかの人が気づいてくれるのを待つというやり方は、反感を買うことがなくかなり有効です。いまのK君のやり方はそれですね。ずいぶん一生懸命日本文化を学んだんだね。

そこで、みんなげらげら笑う。こうして、何でも勉強の題材になるのである。みんなたらふく食べて、歌舞伎座の前で解散。

今日は誰も死なず、傷も負わず、無事ここまで来てよかった。あとは、私の責任ではありませんから、六本木でもお台場でも好きなところに行きなさい。私はこれで帰ります。

「センセー、さよならあ!」とみな私に向かって大げさに手を振る。

大学構内でも、「センセー」と駆け寄ってきて挨拶するのは外国人留学生だけである(日本人学生は、挨拶すらしない者が多い)。そして、「センセー、お元気ですか?」と日本語で聞いてくる。その態度はごく自然で気持ちのいいものである。彼らとの交流によって、私の中に潜んでいた英語帝国主義に対する反感の最後の「つかえ」がするりと取れたように思う。カリフォルニアからの学生も、中国からの学生も、インドネシアからの学生も、英語で不思議なほど心が通い合うのだとすれば、そしていまのところ英語に代わる言語がないのだとすれば、たとえそれがアジア・アフリカ植民地支配の道具であったとしてもいいではないか、という思いに傾いていく。

4　私は英語ができない

「まちがいだらけの」英語の先生

いま、電気通信大学の東一号館の六階は、午後四時過ぎになると、英語ばかりが飛びかい、まるでアメリカの大学のようである。英語の先生九人のうち四人が外国人のネイティヴスピーカーであり、若い日本人の英語の先生方もアメリカで学位を取った人が多いので、彼らも外国人教師と話すときは（日本語ではなくて）英語である。日曜日など、子供を連れてきて、「マミー」「シャラップ」という叫び声が聞こえたりする。

こんな雰囲気の中で、留学生相手に英語で授業をしてなんともないのだから、私の「勇気」も大したものである。

英語をしゃべるのは「体調」によって相当異なってくる。「体調」がいいときは、自分でもおやっと思うくらい次から次へとすらすら単語が出てくるのに、悪いときには、運転する自動車がエンジントラブルでも起こしたかのように、まるで動かなくなる。

そして、老化現象か近年この差がますます大きくなった。先日、アメリカ人の英語の先生に、「机を片付けたら、元の位置に戻してくださいよ」と正しい英語で文句を言おうとしたが、じっと私の眼を覗き込む相手を前にして突如エンジントラブルが発生、「片付ける」も「元の位置」もそして「戻す」さえわからなくなる。

ええとですねえ、あの（と後ろに積み上げているテーブルの山を指差して）tablesをですね、here, here（と床を数度指差して）、わかりますか？（と言いながら、腕を後ろからここにビューンと速く動かす）「戻す」のです。

彼は、じっと私の顔を見ていたが、「わかりません」と日本語で答えたあとで、ふっと思いついたように言った。

"I didn't use this room."

"OK. OK. Thank you. I understand now."

と、英語に復帰しても、まるでわざと下手な表現を選んでいるかのようになってしまうのである。そうだ「戻す」は"retutn"だとわかるまでに、五分以上かかった。

私は自分でしゃべるわりには、相手の言っていることがわからない。映画はまず九五パーセントはわからない。テレビのニュースでさえ、画像を追いながらでも単語を追いかけられるのは、三割から四割程度。ほぼ完全にわかるのは天気予報くらいのものである。

前節で紹介した留学生相手の電通大での英語の授業でも、みんなドッと笑ったのに、私ひとりわからないこともしばしばである。

基礎的まちがいは山のようにある。"he"と"she"はしばしば混同し、いま発表した人についてコメントしながら、男なのに"she"と言ったり、女なのに"he"と言ったりで、学生も大変である。"ask"と"answer"もときどき混乱する。"If you have any questions, please answer me.”（何か質問がありましたら、答えてください）では、何のことだかわからない。

現在形と過去形もめちゃくちゃになることがある。“I forgot.”（私は忘れました）の代わりに“I forget.”（私は忘れます）と言ってしまう。「先生、今年の干支《えと》は何ですか？」「私は忘れます」という具合だから、異様である。

数もわからなくなる。まあ、“We is”とか“He are”と言うことはないが、“these girls is”とか“much water are”と言うのはざら。関係代名詞が来ると、もう駄目である。“…that man who are…”と平気で続けてしまう。

それでも、何度も何度も説明し、黒板を充分活用して（漢字を書くと中国や台湾の学生はわかる）授業しているから、『忠臣蔵』や『冥途の飛脚』のような複雑な話をしても、どうにか伝わるのである。

新聞さえ読めない

それに、私は日本語でもあまり新聞を読まないので、英語やドイツ語の新聞が読めない。読もうと思わない。ウィーンに四年半滞在し、博士号まで取っても現地の新聞をほとんど読まない人はあまりいないのではないかと思われる。でも、私はそうである。だから、いつまで経っても新聞は全然読めない。

哲学書は語彙が極端に少ないからやさしいが、普通の文学書も苦手である。トーマス・マンやヘッセなど、いま読んでも一ページあたり知らない単語や表現が二〜三個はあるのではないだろうか。英語にせよドイツ語にせよ、私は語彙が絶望的に貧しいのである。

だから、もちろん英語やドイツ語で満足な文章が書けるはずはない。先ほどコロンビア大学の先生を嘲笑したが、じつは私はスペルもしょっちゅうまちがっている。

ウィーンの日本人学校では、後にドイツ語も教えていたが、最後に生徒のひとりに„Auf Wiedersehn"と書いてしまった。ほんとうは„Auf Wiedersehen"なのに。日本語の先生が、最後に「さようなら」ではなくて「さよおなら」と書いてしまったようなものであり、一時はすべてを「回収」したいと思ったが、もはやそれもできない。父兄の中には、それを見て私の教養のなさに驚いた方もいることであろう。

こうして、自分の無能力をこまごまと語りつづけるのもいかにも悪趣味だが、——聡明な読者はわかっていると思うが——本書執筆の主要動機はまさにここにある。世の中の人々（とくにインテリども）が、いかに自分の語学力の「実情」を語らずに、ごまかしているか、そのことをあえて自分を出しにして暴きたいのだ。そのことによって、英語コンプレックスを営々と築いてきたわが国の文化に風穴を開けたいのだ。一種の自爆テロである。

アメリカン・インターナショナル・スクール

私と英語との「濃厚な」関係はまだまだ続く。一三歳で（妻と一緒に）ウィーンに住みはじめた息子が日本人学校に半年在籍したあとで、一九九八年八月からウィーンのアメリカン・インターナショナル・スクール（略してＡＩＳ）に入ったのだ。父母会はじめ、あらゆる集まりに私は日本から（駆けつけたのではなく）「飛びつけた」。だが、ナチュラルスピードでしゃべる先生方の説明の多くは、途中まではわかっても、つい油断するとついていけなくなる。父母会はまあ、眼前に人がいるのだからどうにか意思が疎通できる。

もちろん学校への連絡もすべて英語。簡単な欠席願や早退願はいいのだけれど、必要単位の確認など面倒な内容になると、もういけない。どうにか伝わる英語にするのに、二時間は要する。それでも文面はどんな「響き」なのであろう。

あなたは、そう言いました。しかし、私はそれは正しくないと思いました。私はとても怒っています……。

と、こんな感じではないのだろうか。とにかく通じはするだろうと思ったが、重要な手紙なので、そのときはもうＡＩＳに四年も在籍していた息子に私の英語を直してもらうことにした。「大体これでいいよ」と言うのかと思ったら、三〇分もかけて訂正し、いたるところ真っ赤に訂正された。冠詞を省いたり、前置詞が適当でなかったり、“may”を“might”に“will”を“would”に直したりである。「はいっ」と手渡すとき、「もっと直そうと思ったけれど傷つくからこの辺でやめた」と憎らしいことを言う。でも、見直してみると、なるほど自然な英語に直っているのだから、しかたない。

おわかりであろう。かように、私は語学が「できない」のである。だが、それにもかかわらずあまり恥ずかしくないのだ。どうしてであろうか。単に「面の皮が厚い」のではないことを、どうにか最終章で示すことができればと思う。

第四章

英語コンプレックスの自然治癒

第一章の最後のところで、私は次のように書いた。

英語コンプレックスを空威張りや自己欺瞞や痩せ我慢ではなく、真の意味で克服するには、一つの道しかない。それはあらゆるコンプレックスと同様、そのコンプレックスの全貌を見通し、それを克服する手段を真剣に研究し、かつ勇気をもって具体的な行為に出ることである。ただ不満を心に溜めておくだけではなく、まして不満から眼を逸らせることではなく、そうした苦痛を伴った行為の着実な積み重ねのみが、いつしかその人をコンプレックスから解放していくのである。

ここに書いたことは、ある種の差別を打破していく突破口としては、どこまでも正しい。ただし、第二章で見たとおり、現在の日本の状況は、こうした肩をいからせた「克服」にはすでに馴染まないものになっている。明治維新とともに士農工商の封建的身分制度が維持できなくなったように、英語帝国主義がみずからを維持できなくなったのである。こうした時代においては、「克服」よりむしろ「解消」という言葉のほうがふさわしい。英語コンプレックスが克服されたというより、すでに解消してしまったのだ。これは、「自然治癒」とでも言えるものであり、とくに外科手術をしたわけでもなく、劇薬を飲んだわけでもないが、生活スタイル全般の改善によって、われわれ日本人の「からだ」の中から次第に病原菌が減っていったのである。

こうした変化において、最後にとくに私の場合「からだ」がどのようにして英語コンプレックスから（自然）治癒していったか、その過程をたどってみよう。

私の場合、時代状況の変化以上に私固有の生き方がこの一〇年のあいだに変わっていった。そのことが、英語コンプレックスの解消に大きく作用したことは否めない。その生き方とは、整理してみれば次の五つである。

一、無理につじつまを合わせることをやめる。
二、コミュニケーション・スキルを高める。
三、自分をあえて困難な立場に追いやる。
四、コンプレックスを（ある程度）肯定する。
五、人生で最も大切なことを見失わない。

以下、順に簡単なコメントを加える。

一、無理につじつまを合わせることをやめる

私は、——前章で話したように——受験英語秀才であり、大学受験のための予備校でもウィーンの日本人学校でも英語を教え、国際会議で発表し、何度か通訳をし(これはドイツ語だけれど)、大学で留学生相手に英語で授業をしている。たしかに、これらは、誰もができることではないから、その点に限ってみれば、私は英語が「できる」と言わざるをえないであろう。

だが、こうした「輝かしい(?)」実績をもった私が、同時にいかに別の点では英語ができないかを強調したい。英語の専門家でないかぎり、英語の「力」にムラがあるのは当然だと思う。私の場合極端かもしれないが、それでも事実だからしかたない。私は国連総会でも英語で堂々と演説できるであろう。だが、その私が時折り"return"や"ask"さえ出てこないのだ。私はドイツ語で哲学の博士論文を書いた。哲学の議論ならいくらでもドイツ語でできる。その私がドイツの州の名前もほとんど知らず、„Auf Wiedersehen"のスペルさえまちがってしまうのだ。

こうしたことは全然不思議なことではない、と心の底から思っている。裁判官が

万引きしても驚くべきことではない。神父が人を殺しても不自然とは思わない。世の多くの人々は「大学教授のくせに」とか「日本人のくせに」というなにげないい呟きとともに、個人を一定の枠に入れたがる。それが、どんなにわれわれの人間観を狭くしているか、コンプレックスを、差別を、偏見を育て上げるか、私は知っている。

何ごとにせよ無理につじつまを合わせるところに、嘘がはびこり、〝世間体〟がはびこり、個人のなまの感受性を抑え込む暴力がはびこる。人間とは矛盾だらけのものであり、けっして割り切れないものであり、つじつまの合わないものである。このことを徹底的に悟るとき、あらゆるコンプレックスは希薄化の方向に向かうように思う。

二、コミュニケーション・スキルを高める

各人が英語コンプレックスを真の意味で解消するには、コミュニケーション・スキルを高める必要がある。それは、日本語の場合と同様である。相手の言語あるいは言語外のサインやシグナルを正確にとらえ、みずからも相手に的確な言語あるいは言語外のサインやシグナルを送って、適切な情報伝達をする能力、つまり、他人

とのコミュニケーションに勤勉になることである。

英語コンプレックスを巨大化させる最大のものは、「虚栄心」である。あなたが、相手の言うことがわからないのに、一度わかったふりをした瞬間に、その後あなたは次々にわかったふりをせねばならなくなり、コミュニケーションは空回りし空中分解するであろう。

あるいは、アメリカ人とごく自然に英語で挨拶を交わし合うこと、いかにも物慣れた態度で冗談を言い合うことに、重きを置いてはならない。その自然さで人々から賞賛されようと思ってはならない。あなたのコミュニケーション能力は、確実にやせ細るであろう。ここには、背伸びがあるからであり、相手へ擦り寄る姿勢があるからであり、先のダグラス・ラミス氏の名言を使えば「誇張したさりげなさ」があるからである。

もちろんユーモアは大切だし、冗談やギャグも潤滑油として必要なこともあろう。だが、コミュニケーションに参与する個人は、すべて対等の関係をめざすものでなければならない。私が、(第一章での)英語帝国主義批判の中心に据えたのも、つまるところこの対等原則である。相手にへつらう態度、おもねる態度、取り入る態度を振り落とし、相手があなたにへつらう態度、おもねる態度、取り入る態度を示したら、振り落とさせて、あくまでも対等な個人として向き合うことである。
そうすれば、あなたは自分と似通った、気心の知れた人々のみならず、多くの異質な人々とのコミュニケーションを遂行することができるであろう。

三、自分をあえて困難な立場に追いやる

異質な人との対等なコミュニケーションは、口で言うほどやさしくはない。それには苦痛が伴うことがむしろ普通である。だが、私は自分をあえて困難な場面に置くことにやぶさかではない。第三章の私の英語歴ないし欧米語歴を読めばおわかりのように、私は苦労をしなくていいのに、あえて苦労に突進するところがある。もっとラクに生きられるのに、あえて困難を選ぶところがある。これは、いわば一つの「才能」であろう。私はラクをして何かを得ることが嫌いなのだ。何かを得るためには、努力に努力を重ねることが好きなのだ。そのあげく、努力が報われないとしても、そのほうが好きなのだ。

私はずいぶん語学に時間と精力を注いできたが、そのわりには成果が乏しいと思っている。あれほど一生懸命にやったのに、こんなにもできないとは！　だが、――変なことに――私はそれを知ると、ほっと「安心」するのである。

四、コンプレックスを（ある程度）肯定する

コンプレックスが、ある個人の人間的魅力をかたちづくっていることもある。その人の人生の豊かさを指し示してくれることがある。私がわずかに誇れるのはこのことである。私の欧米に対する長いコンプレックスが、私を育ててくれたように思う。それが、私に哲学をさせ、ウィーンに留学させ、『ウィーン愛憎』を書かせ、英語帝国主義に関する研究に導いたのであると思う。このすべてがなかったら、私はもっと幸せだったかもしれないが、私の人生ははるかに乏しいものであったことであろう。

だが、あまりこのことを強調するのも危険である。コンプレックスをもっているほうが、人づきあいの悪いほうが、要領の悪いほうが、「えらい」のだ。現代日本では、こういう言説が幅を利かせている。だが、じつはこうした転倒に陥った瞬間に、すべての欠点は臭気を放つのである。

五、人生で最も大切なことを見失わない

一般に、コンプレックスから抜け出す王道は、そこに価値を見いださなくなるこ

とである。とはいえ、ただ「英語」が無価値だと思い込むことによっては実現されない。積極的に、英語よりも高い価値を見いだすことによって到達できる。それは何であろうか？　ありとあらゆる技巧の果てに私が仰ぎ見るもの、それは「誠実さ」である。誠実な言葉は、いかに貧しい言葉でも、その人を輝かせてくれる。私はそれを多くの人々から——とくに英語ができない人々から——学んだ。

息子と妻がウィーンに住み、私が東京に住むという国際別居を実現しても、わが家は泥舟のように不安定なので、しばしば妻と一緒に息子の学校（ＡＩＳ）のスクールカウンセラーに相談に行くことがあった。妻が必死に話す。

We married twenty years old.（これは「われわれは二〇歳で結婚した」という意味ではなく、「われわれは結婚して二〇年経つ」という意味）But we fight every day. My son is not like my husband.（これは「息子は夫に似ていない」ではなく「息子は夫を嫌っている」の意味）So I am not happy.

そこで、彼女はぽろぽろ涙を流す。カウンセラーが、厳しい顔をしてティッシュを手渡す。私はなぜか妻のひどい英語がまったく滑稽ではなかった。文法がまちがっていても通ずるのだ。たとえ通じなくても、そんなことはどうでもいい、そう思った。

先に紹介したアジア・アフリカからの留学生の中にも、すさまじい「英語」を使う者がいる。中国から来たM君も、前に出て分厚いレポート用紙に細かく書いた文字を読みはじめたが、ほとんど何をしゃべっているかわからない。それでも彼は一生懸命なのだ。くすくす笑いがあたりに広がる。下を向いてしまう者もいる。だが、彼は真顔で話しつづける。そして、終えると、私のほうを見てにこっと笑う。私は、身が張り裂けそうになる。「ずいぶん準備に時間がかかったのでしょう？」「ええ、まる二日かかりました」。ああ、これこそ一番大切なものだなあ、とからだがじんわり熱くなる。

英語のできない人、下手な人が、それでも一生懸命にしゃべろうとしているとき、私は軽蔑できない。嘲笑できない。彼らが誠実でありさえすれば、英語の知識や発音、コミュニケーション能力、コンプレックスの効用など、これまで述べてきたことのすべてはどうでもよくなる。世界は単純な相貌を見せ、ただ「彼(女)に同じように誠実に対さねばならない」という使命感が全身を貫く。

こうして、気がついたら私の英語コンプレックスは、いつの間にかいわば「自然治癒」していたのである。

あとがき

本書は、英語ができるようになる（する）ための本ではなく、英語なんかできなくてもいいと宣言する本でもなく、英語はできたほうがいいけれど、妙なコンプレックスを削ぎ落としたほうが断然愉快だ、ということを伝える本である。つまり、「英語」と「コンプレックス」という二つのキーワードが重なるところに、私固有のテーマはある。

すべてのコンプレックスには二面があると思う。一つは自分を「育ててくれる」側面であり、もう一つは自分を「つぶす」側面である。よく「あなたはそのままでいいのだ」というせりふを聴くが、粗雑な言い方である。「あなたはそのままではまずいが、そのままでしかありえないのなら、しかたのないことだ」と言わねばならない。私は何事に対してもコンプレックスの強い人間だからよくわかるのだが、コンプレックスがマイナスに作用することは意外に多いのだ。それは当人をいじけさせる。真実が見えなくなり、凝り固まった貧しい視点にしがみつき、そしてほかのすべてを拒否して、思考も感受性もやせ細っていく。そうなってはならないと思う。もしあなたの抱くコンプレックスがそうした方向に固まりそうだったら、それを隈なく点検し、正確に分析し、無理にでも言語化することを勧める。そうすることが――私の知るかぎり――不毛なコンプレックスから抜け出せる唯一の道なのだから。

私の英語コンプレックス、とくに欧米コンプレックスは、とても根が深いものであるが、やはりプラスとマイナスの二面をもっている（いた）ように思う。それは私を謙虚にさせ、努力させ、私に観察力を養わせ、忍耐力をさずけてくれた。が、同時にそれは私に硬い価値観を与え、虚栄心を太らせ、ありとあらゆる他人を裁き、同じ尺度で自分も裁き、生きることを苦しくさせ、豊かな物の見方を奪っていったことも事実である。というわけで、各自、自分固有のコンプレックスをしっかり把握しよう。それの「語ること」に耳を立て、甘やかすことなく、ごまかすことなく向き合おう。なぜならそれが「あなた」なのだから。

二〇〇四年八月

ウィーンの自宅で、日本選手がちっとも登場しない
アテネオリンピックを連日テレビで観戦しながら

中島義道

本書は、二〇〇四年一〇月にNTT出版より刊行された『英語コンプレックス 脱出』を、改題・改訂の上、文庫化したものです。

中島義道－1946年生まれ。東京大学法学部卒業、同大学院人文科学研究科哲学専攻修士課程修了。ウィーン大学基礎総合学部修了（哲学博士号取得）。電気通信大学教授を経て、現在は「哲学塾カント」主宰。専攻は時間論、自我論。著書に、『哲学の教科書』（講談社学術文庫）、『哲学塾授業――難解書物の読み解き方』（講談社）、『うるさい日本の私』『醜い日本の私』（ともに角川文庫）、『時間と死――不在と無のあいだで』（ぷねうま舎）ほか多数。

講談社+α文庫 英語《えいご》コンプレックスの正体《しょうたい》

中島義道《なかじまよしみち》

2016年12月20日第1刷発行

発行者――――鈴木 哲
発行所――――株式会社 講談社
東京都文京区音羽2-12-21 〒112-8001
電話 出版(03)5395-3522
販売(03)5395-4415
業務(03)5395-3615
デザイン――――鈴木成一デザイン室
カバー印刷――――凸版印刷株式会社
印刷――――凸版印刷株式会社
製本――――株式会社国宝社

落丁本·乱丁本は購入書店名を明記のうえ、小社業務あてにお送りください。
送料は小社負担にてお取り替えします。
なお、この本の内容についてのお問い合わせは
第一事業局企画部「＋α文庫」あてにお願いいたします。
Printed in Japan ISBN978-4-06-281702-8
定価はカバーに表示してあります。

講談社+α文庫 Ⓖビジネス・ノンフィクション

サ道 心と体が「ととのう」サウナの心得
タナカカツキ
サウナは水風呂だ！ 鬼才マンガ家が実体験から教える、熱と冷水が織りなす恍惚への道
750円 G 289-1

新宿ゴールデン街物語
渡辺英綱
多くの文化人が愛した新宿歌舞伎町一丁目にあるその街を「ナベサン」の主人が綴った名作
860円 G 290-1

マイルス・デイヴィスの真実
小川隆夫
マイルス本人と関係者100人以上の証言によって綴られた「決定版マイルス・デイヴィス物語」
1200円 G 291-1

アラビア太郎
杉森久英
日の丸油田を掘った男・山下太郎、その不屈の生涯を『天皇の料理番』著者が活写する！
800円 G 292-1

男はつらいらしい
奥田祥子
女性活躍はいいけれど、男だってキツイんだ。その秘めたる痛みに果敢に切り込んだ話題作
640円 G 293-1

永続敗戦論 戦後日本の核心
白井聡
「平和と繁栄」の物語の裏側で続いてきた戦後日本体制のグロテスクな姿を解き明かす
740円 G 294-1

*毟り合い 六億円強奪事件
永瀬隼介
日本犯罪史上、最高被害額の強奪事件に着想を得たクライムノベル。闇世界のワルが群がる！
800円 G 295-1

証言 零戦 生存率二割の戦場を生き抜いた男たち
神立尚紀
無謀な開戦から過酷な最前線で戦い続け、生き延びた零戦搭乗員たちが語る魂の言葉
960円 G 296-1

*紀州のドン・ファン 美女4000人に30億円を貢いだ男
野崎幸助
50歳下の愛人に大金を持ち逃げされた大富豪。戦後、裸一貫から成り上がった人生を綴る
780円 G 297-1

*政争家・三木武夫 田中角栄を殺した男
倉山満
政治ってのは、こうやるんだ！「クリーン三木」の実像は想像を絶する政争の怪物だった
640円 G 298-1

*印は書き下ろし・オリジナル作品

表示価格はすべて本体価格(税別)です。本体価格は変更することがあります

講談社+α文庫 Ⓖビジネス・ノンフィクション

真説 毛沢東 下 誰も知らなかった実像	ユン・チアン ジョン・ハリデイ 土屋京子 訳	『ワイルド・スワン』著者による歴史巨編、閉幕！ 〝建国の父〟が追い求めた超大国の夢は——	1000円	G 280-2
ドキュメント パナソニック人事抗争史	岩瀬達哉	なんであいつが役員に？ 名門・松下電器の凋落は人事抗争にあった！ 驚愕の裏面史	630円	G 281-1
メディアの怪人 徳間康快	佐高信	ヤクザで儲け、宮崎アニメを生み出した。夢の大プロデューサー、徳間康快の生き様！	720円	G 282-1
靖国と千鳥ケ淵 A級戦犯合祀の黒幕にされた男	伊藤智永	「靖国A級戦犯合祀の黒幕」とマスコミに叩かれた男の知られざる真の姿が明かされる！	1000円	G 283-1
君は山口高志を見たか 伝説の剛速球投手	鎮勝也	阪急ブレーブスの黄金時代を支えた天才剛速球投手の栄光、悲哀のノンフィクション	780円	G 284-1
*二人のエース 広島カープ弱小時代を支えた男たち	鎮勝也	「お荷物球団」「弱小暗黒時代」……そんな、カープに一筋の光を与えた二人の投手がいた	660円	G 284-2
ひどい捜査 検察が会社を踏み潰した	石塚健司	なぜ検察は中小企業の7割が粉飾する現実に目を背け、無理な捜査で社長を逮捕したか？	780円	G 285-1
ザ・粉飾 暗闘オリンパス事件	山口義正	調査報道で巨額損失の実態を暴露。ジャーナリズムの真価を示す経済ノンフィクション！	650円	G 286-1
マルクスが日本に生まれていたら	出光佐三	出光とマルクスは同じ地点を目指していた！ 〝海賊とよばれた男〟が、熱く大いに語る	500円	G 287-1
完全版 猪飼野少年愚連隊 奴らが哭くまえに	黄民基	真田山事件、明友会事件——昭和三十年代、かれらもいっぱしの少年愚連隊だった！	720円	G 288-1

*印は書き下ろし・オリジナル作品

表示価格はすべて本体価格(税別)です。本体価格は変更することがあります

講談社+α文庫 Ⓖビジネス・ノンフィクション

完全秘匿　警察庁長官狙撃事件	竹内　明	初動捜査の失敗、刑事・公安の対立、日本警察史上最悪の失態はかくして起こった！	880円	G 261-2
僕たちのヒーローはみんな在日だった	朴　一	なぜ出自を隠さざるを得ないのか？　コリアンパワーたちの生き様を論客が語り切った！	600円	G 262-1
モチベーション3・0　持続する「やる気！《ドライブ！》」をいかに引き出すか	ダニエル・ピンク　大前研一 訳	人生を高める新発想は、自発的な動機づけ！　組織を、人を動かす新感覚ビジネス理論	820円	G 263-1
人を動かす、新たな3原則　売らないセールスで、誰もが成功する！	ダニエル・ピンク　神田昌典 訳	『モチベーション3・0』の著者による、21世紀版「人を動かす」！　売らない売り込みとは!?	820円	G 263-2
ネットと愛国	安田浩一	現代が生んだレイシスト集団の実態に迫る。反ヘイト運動が隆盛する契機となった名作	900円	G 264-1
モンスター　尼崎連続殺人事件の真実	一橋文哉	自殺した主犯・角田美代子が遺したノートに綴られた衝撃の真実が明かす「事件の全貌」	720円	G 265-1
アメリカは日本経済の復活を知っている	浜田宏一	ノーベル賞に最も近い経済学の巨人が辿り着いた真理！　20万部のベストセラーが文庫に	720円	G 267-1
警視庁捜査二課	萩生田　勝	権力のあるところ利権あり——。その利権に群がるカネを追った男の「勇気の捜査人生」！	700円	G 268-1
角栄の「遺言」　「田中軍団」最後の秘書　朝賀昭	中澤雄大	「お庭番の仕事は墓場まで持っていくべし」と信じてきた男が初めて、その禁を破る	880円	G 269-1
やくざと芸能界	なべ　おさみ	「こりゃあすごい本だ！」——ビートたけし驚嘆！　戦後日本「表裏の主役たち」の真説！	680円	G 270-1

＊印は書き下ろし・オリジナル作品

表示価格はすべて本体価格（税別）です。本体価格は変更することがあります

講談社+α文庫 Ⓖビジネス・ノンフィクション

- **武士の娘** 日米の架け橋となった鉞子《えつこ》とフローレンス　内田義雄
  世界的ベストセラー『武士の娘』の著者・杉本鉞子と協力者フローレンスの友情物語　840円 G 255-1
- **誰も戦争を教えられない**　古市憲寿
  社会学者が丹念なフィールドワークとともに考察した「戦争」と「記憶」の現場をたどる旅　850円 G 256-1
- **絶望の国の幸福な若者たち**　古市憲寿
  「なんとなく幸せ」な若者たちの実像とは？メディアを席巻し続ける若き論客の代表作！　780円 G 256-2
- 今起きていることの本当の意味がわかる **戦後日本史**　福井紳一
  歴史を見ることは現在を見ることだ！ 伝説の駿台予備学校講義「戦後日本史」を再現！　920円 G 257-1
- **しんがり** 山一證券 最後の12人　清武英利
  '97年、山一證券の破綻時に最後まで闘った社員たちの物語。講談社ノンフィクション賞受賞作　900円 G 258-1
- **奪われざるもの** SONY「リストラ部屋」で見た夢　清武英利
  『しんがり』の著者が描く、ソニーを去った社員たちの誇りと再生。静かな感動が再び！　800円 G 258-2
- **日本をダメにしたB層の研究**　適菜収
  いつから日本はこんなにダメになったのか？ ――「騙され続けるB層」の解体新書　630円 G 259-1
- **Steve Jobs** スティーブ・ジョブズ I　ウォルター・アイザックソン 井口耕二 訳
  あの公式伝記が文庫版に。第1巻は幼少期、アップル創設と追放、ピクサーでの日々を描く　850円 G 260-1
- **Steve Jobs** スティーブ・ジョブズ II　ウォルター・アイザックソン 井口耕二 訳
  アップルの復活、iPhoneやiPadの誕生、最期の日々を描いた終章も新たに収録　850円 G 260-2
- **ソトニ 警視庁公安部外事二課** シリーズ1 背乗《はいの》り　竹内明
  狡猾な中国工作員と迎え撃つ公安捜査チームの死闘。国際諜報戦の全貌を描くミステリ　800円 G 261-1

＊印は書き下ろし・オリジナル作品　表示価格はすべて本体価格（税別）です。本体価格は変更することがあります

講談社+α文庫 Ⓔ歴史

*真田と「忍者《しのび》」 加来耕三

大河ドラマ「真田丸」、後半を楽しむカギは「忍者」! 忍者ブームに当代一の歴史作家が挑む

920円 E 1-8

マンガ 老荘の思想 蔡志忠・作画 和田武司・訳 野末陳平・監修

超然と自由に生きる老子、荘子の思想をマンガ化。世界各国で翻訳されたベストセラー!!

750円 E 5-1

*印は書き下ろし・オリジナル作品

表示価格はすべて本体価格(税別)です。本体価格は変更することがあります